JN123870

幾星霜

せとうみ ひろし

三恵社

幾星霜

労務管理との出会い

［プロローグ］

　つれづれなるままに歳月の流れを辿ってみれば、人の世の哀れさ・はかなさやそれぞれの人生の栄枯盛衰・喜怒哀楽の数々が思い浮かんでは、その時々の人々の姿を回顧しないではいられない。

　人生とはどれほどの変遷を見せるものなのか。社会保険労務士として50年の月日を回顧してみれば、職務上の守秘義務の制約から公開出来ない事例が殆どであるが、自分自身の人生の道程は公にしても問題にならないことも数多くあり、またその数々のドラマが一人の社労士の生きざまであるとともに、一人の人間の辿った道こそ今後の同業者の方々や様々な職を得て生きてゆく人々の参考になる事例として把握され自由業の道も他の職種と同様いやそれ以上にさまざまな苦難や時には人生の岐路があるのだと理解いただければこの文を記す者としてこの上ない喜びである。

　昭和42年3月に岡山大学を卒業して、中堅の生命保険会社に就職したものの1年の研修期間終了後、岐阜支社に配属されて半年後には生涯を転勤して終わる社会人の人生ではどうなのかと疑問に感じ法学部出身を生かす道はやはり弁護士ではないかと決意し、名古屋市内の職安の窓口で就職先を探したところ偶然にも労務管理事務所の求人を職安の係員から紹介されたのがこの道の出発点になった。

　係員から紹介されて労務管理事務所に就職が決まる直前に起きた事故は今でも忘れられないものとなっている。

　昭和43年8月18日未明に前日からの集中豪雨により道路わきの山肌が崩落して観光バス2台が岐阜県の飛騨川に転落して104名の命が奪われたきわめて悲惨な事故であった。名古屋の会社が北アルプスの乗鞍岳観光ツアーとして企画し730名が参加、バス15台に分乗して目的地に向かう途中で集中豪雨のため登山を断念して引き返す途上であった。

このニュースを労務管理事務所の面接に向かう前に立ち寄った喫茶店のテレビで知った。[思わぬ災難により尊い命を奪われる人もあるのだ。自分に与えられた仕事を真剣に取り組んでゆかなければならないぞ]と心に決めて面接に行ったことを今でもはっきりと覚えている。

　面接のとき事務所の所長が

「なに‼　加納に住んでいるのか。わしの生まれたところだ‼」

とてもびっくりされた。生命保険会社の岐阜支社に配属になり、そこで支社長が悩んでいる姿を見て8月に休暇を与えてくれて就職先を探し始めたばかりだった。即座に採用となり、とにかくまだ23歳なのだから5年間は辛抱してやってみてそこで改めてどうするかを決めてもいいのではないかと提案された。そうだと決意した。そして保険会社の支社長は就職が決まったとお祝いの席まで設けてくれて中華料理をご馳走してくれたのだ。思いもよらないことで、なんと心根の清らかな人なのだと何とも言いようのない感謝があふれる思いだった。本当に心の底からこの支社長には今でも感謝している。のちに本社の新人研修の長になられたことを知り改めていい人との縁に自分の運を信じることとなった。

　それからは岐阜から名古屋駅の一つ手前の栄生駅まで名鉄電車で通勤する毎日。元日本通運岐阜支店長の年老いた未亡人の住居の離れを保険会社に勤務していたときから借りていて六畳一間の日の当たらない離れであった。

　冷蔵庫も洗濯機もテレビもない、ラジオだけで炊事場の片隅で調理をさしてもらい毎日弁当を自分で作り、すべて自炊を貫いた。帰りには近くの八百屋で安く買い物をして銭湯通いの日々。毎月わずかの収入から必死で貯金をした。

　弁護士とは異なる労務管理の仕事には無知で当時こんな仕事があるのかと懸念を抱きながらの毎日。しかも就職先の現状は先輩2名が無断で

急に独立した直後で同僚も不穏な状態で毎日のように欠勤者があり8名の揃うことのない日々が続きどうしようかと不安と大変な所に就職したのだとの思いでなんとか勤めていた。

　その時に所長の「とにかく5年間は全力でやってみろ、それでだめなら考えろ」のひとことが腑に落ちた。それからの日々は、どうすればもっと出来るか、顧客の満足にこたえられるか、自分を向上させられるかと考えるばかりで頭がフル回転の日々。

　先輩の嘲笑、誹謗など意に介さず、ひたすら邁進と事務所の改革に全精力を使う毎日。その努力が徐々に実り周囲の視線が変化し事務所も少しずつ変わり始めた。就職して1年はとにかく実務の習得・名古屋の地理・方言・習慣などを身に付けることに没頭した記憶がある。

　この頃の記憶として名鉄電車の中釣り広告で売り出し中の女優の中野良子さんのなんと清楚で上品な方かと見とれていたこと。

　週刊誌の見開きページ三枚にわたり特集されていたデヴィ夫人若き姿のまさに美人で世の中にこれほどまでに美しい人がいるのかと感嘆したことが鮮やかに記憶されている。確か本名は根本七保子さんだと頭に残っている。

　名古屋はトヨタの発生の地。しかも事務所のある場所はトヨタ自動車の前身である豊田自動織機製作所のあったところのすぐそばで今はその地にトヨタの産業技術記念館が建てられていて名古屋の名所となっている。

　トヨタは「乾いたタオルを絞る」の精神。事務所でも使う鉛筆は短くなった物2本をホッチキスで止めた物、届いた郵便物の封筒はすべて裏返ししてもう一度使うことなどは当たり前のこと。

　クリップ・輪ゴム・メモ用紙は出来るだけ役所の窓口でもらうこと・冷房は扇風機・暖房は石油ストーブで芯を毎年取り替えて使うこと・昼食時の照明はなし、など、さすが名古屋だと敬服した。就職して1年余

りが経過した頃に、内勤の事務からの変化は突然来た。顧問先約40件を担当していた先輩が病欠し退職することになりその後任に任命され顧問先を巡回する業務を担うことになった。

　しかし毎日訪問する顧問先の場所がまったくわからない。先輩に聞いても馬鹿にされるばかり。とにかく場所を頭に入れなければならない。名古屋市内全域の地図を購入して毎日巡回したところを赤鉛筆でマークし場所を覚えて行く。巡回は自転車。24歳から32歳まで8年間も自転車で市内を回った。おかげで足腰が鍛えられた。しかし冬の雪道を走り転倒して見知らぬ人に何度も助けられた。それでも1週間も氷ついた市道の走行はさすがに疲れ果てた。手袋をしていても手がかじかんでいて自転車のハンドルが握れない。また荷物が路上に散乱しそのたびに荷台に括り付けて走り、走れないときには自転車を押して歩いて顧問先まで辿り着くこともあった。さすがに疲れ果てたがその姿を顧問先の事業主は見ていて［よく辛抱されたね］と後日話されたときには感激した記憶がある。昭和44年頃名古屋では本当によく雪が積った。今でもこの地域では一冬に2,3回は降雪があるが当時は何日も雪が降り続くことが珍しくなく辛い日々が続いた。

　内勤の職員として事務処理はすべてマスターしていたのでそれほど心配なく外回りも出来ると少しは自信があった。しかし顧問先の事業所を訪問して間もなく事件が起こった。

　ある会社を初めて訪問したときの事。

「おい、おまえのところはなんだ!!　顧問料だけ取りに来てなにもしていないぞ!!」

との罵声を浴びせられた。突然のことで、しかもそれまで訪問した事業所は比較的印象が良く励ましてくれる人々がほとんどであったので巡回早々に怒鳴られることなど予想もしていなかった。気持ちが動揺し思わ

ず身が震えている。

　ただただ頭を下げることしかなかった。こんなことがあるのかとどうすることも出来ない。なんで怒られなければならないのだ。理解できない。

　しばらくして「初めてでなにも聞いていませんでした。失礼します。」と一礼をしてその場を辞したが、事務所に帰ることが出来なくて、近くの電信柱の陰で涙を流し呆然としていた。

　しかし、他人の目もあるのだと意を決して事務所に帰るとすぐに所長からこちらにとの手招き。「大変だったなあ。あれからすぐに社長の奥さんから電話があり何も知らずにいきなり怒って申し訳なかった。明日にでも来てくれとの伝言があった。]、との話に胸をなでおろした。なんでも事務所の今までの担当者がサボり訪問することを怠けていてそれが社長の逆鱗に触れたのが事の真相であった。ほっと胸をなでおろした。

　やはり事務所の先輩の突然の退職と独立が顧問先の仕事までにも影響をしていた。気持ちを入れ替えて、自分を知ってもらう努力をしなければならない、と懸命に聞く耳を持ち、受けた業務は出来る限りの誠意を示して巡回を毎日続けていく。

　それから数ヶ月後のこと。その社長から「内々に相談したいことがあるので時間をとってくれないか」と言われ訪問すると夫婦が揃って真剣な顔をしている。

「実は兄にこの会社を引き継いでもらうことになった。自分自身は結核にかかっていて手術で肋骨を6本とることになり入院することになるので厚生年金の障害年金の請求の仕方を教えて欲しい。こういう事態になったのもあなたをいきなり叱りつけた罰を受けたのだと思う。」と夫婦ともども頭を下げられた。あまりの変わりように驚くとともになんとも言えない気持ちになる。

　そして後日障害年金の請求書を整えて話をしたのがこの社長夫妻との

最後であった。その時の御礼に頂いたウイスキーの味は今でもほろ苦い思い出として舌に残る。

そうなのか、社労士とはこんな形で人に貢献できることもあるのだと痛感すると共に自分自身は［よしこの道で生きて行こう］と決意した最初の出来事であった。

社労士としての旅立ちは思わぬことの展開で幕を開けた。しかもその後も次々と自分が目指すこの仕事で生きていくのだと諭すかのように周囲が次々と変化する。

戦後の混乱期を抜け出した日本の高度成長期とともに社労士も徐々にその地位を確立する方向に志向してゆき、自分自身が労務管理事務所の門を叩いた昭和43年11月に社会保険労務士が生まれたのだ。当初その名称は社会保険士、労務管理士、労務士など様々な意見があり、所轄の官庁も厚生省と労働省に分かれていてせめぎあいがあったが、双方の意見の集約された名称として社会保険労務士に結着した。

事務所は当時5名の巡回担当と1名の事務員そして所長夫妻の8名で業務を遂行。愛知県でも5本の指に入る規模であり顧問先は400件ほどあった。その要因には所長が職安の、奥様が労働基準監督署の出身で、腕のいい職員が1名いてその人の営業努力で知名度が上がり強固な地盤がすでに出来ていたのだ。

しかし、後日聞いた話によるとここまでになるには大変な努力が強いられ、また昭和35年のスタート時には周辺のいたるところの電信柱に貼り紙をして回ったりとにかく労務管理の仕事を知ってもらうことからはじめたとのこと。

その職業のヒントは所長が職安で働いていたときにあったとか。仕事はあっても人を集めなければならないが何かいい考えはないかとよく相談を受けていて、それならば「いい人材を確保するためには労務管理が

大切ではないか」と閃いてこの仕事に着眼したのだと教えられ、その先見力に感銘したことを50年以上経過した今も鮮明に覚えている。

　やはり時代がどのように変化しようとも世の中の動きを的確に認識し何が求められているかを見極める力は人が生き抜くうえで欠かせない能力ではないだろうか。と今もって心に刻んでいる。

　就職して目についた事務所の業務の改善はすべて進言して実行に移していった。

　その後も事務所の体制を整えることに精進し職員の態度も次第に落ち着きを取り戻してきた昭和46年にそれぞれの社労士の事務所で労災保険事務組合の設立する動きとなり、所長から白羽の矢が当たる。そのとき先輩の「まだ新米のくせにどうしてだ」

とのいじめが何度もあり苦しんでいる姿を目にした所長がそんなことに負けるなとのことばに励まされた。

「最初からほかの者とは違うのだ。そんなことは無視して進め!!!!」

　そして約3か月の努力の甲斐があって30事業所から設立の際、事務組合会員として賛同を得られた。

　そのときに社労士仲間のある事務所の先生と職員を紹介されて設立の認可申請書の内容を伝授していただき労働省から労災保険事務組合の認可を受けることが出来た。ときに昭和46年11月のこと。最初に自分が手掛けた一大業務を成し遂げのだ。その後、昭和50年4月の労働保険制度の施行により労働保険事務組合に改正となり今に至っている。

　現在、個別の労働保険事務組合を有する社労士は殆どがこの時代に認可を受けたのである。その後に都道府県ごとに統一したＳＲの事務組合が設立される方向となってゆき社労士ごとに事務組合を設立する必要はなくなる。

　現在、個別とＳＲ事務組合が並立されてあるのはこうした経緯を経て

いる。

　またこの時代で忘れられない出来事は昭和48年の田中角栄首相の日本列島改造とその後の世界的オイルショックの激変‼‼

　社労士が取り扱う中小企業でも給与を2割上げるところが続出した。しかし中小企業では本給を2割上げてはとても持ちこたえられないので物価手当を急遽設定してなんとか対応する事業所が続出した。現在の給与のなかにおいてこの手当の名称があればこの時に出来たものであると推定されるのである。

　時代はまさにバブルの始まり。石油、トイレットペーパーが手に入らなくなると喧伝され毎日が狂乱の日々。事務所に出勤すると、きょうは何を買いだめしようかと事務所の所長の奥様の車に乗車してスーパーや商店を走り回った。自分自身も思いきって名古屋のマンションを購入することにして名古屋駅近くの2DKを買うことを決意する。

　そして事務所も名古屋城の近くに3階建てのビルを新築することになった。

　自分が先に昭和48年5月にマンションを購入したことで勢いがついてきた。

　[事務所も新築しましょう。]と強く進言したことで新築する動きになった。

　それまでの事務所は名鉄栄生駅のそばの戦災を免れた長屋を改造したものであったのだが、やはり今がチャンスだと確信した。遂に名古屋城の近くで3階建てのビルを新築することになった。

　ビルの新築の契約時期にはまだ資材がそれほど高騰していなかったが、建築段階には急上昇し早く計画したことにより大幅に安い価格でビルを建てることが出来て非常に感謝された思い出がある。「あなたはまだ28歳で先見の明があるとは」と顧問先の建設会社の社長から言われたこと

が今でも鮮明によみがえる。本当にこの頃は日本中が所得倍増と先進国への階段を駆け上がる熱気に溢れていた時代で我々社労士の業務も健康保険の算定基礎のたびに等級が２段階３段階へとアップして上限の等級が毎年のように改定され月額変更を算定基礎の時にいつも提出することとなった。

またこれに伴い保険料の変更を事業所に通知するのが１年に何度も必要でもあり、その作業に追われる時代であった。

上限のランク設定が一度に５段階も創設されて年金の支給額の大幅な改定もなされていく。年金制度が生活の基盤となる一歩が踏み出されてまさに時代が生き生きと躍動していた印象が今になっても強く心に宿っている。

事務所を新築した反響は大きく、北陸３県の社労士15名ほどが見学に、また栃木の宇都宮の社労士も訪問していい気分で所内を案内した。

東京の社労士からの紹介で名古屋に転勤した大手の商社の支店長が独立して名古屋で新規にマンションのデベロッパー会社を立ち上げることになり新規適用からの顧客となりその後この会社は名古屋で有数の会社に成長を成した。それから何度も新聞広告で新築マンションの販売主の欄に会社名を目にする度に何か不思議な気持ちになるとともに、いささかでも関わりを持つことが出来たのは今でも良き思い出として心に刻まれている。

やがて昭和50年代に入り、高度成長と人材確保、特に新卒の採用に社運がかかる時代となり社労士を取り巻く環境も大きく変化した。自分自身がこの業界に身を置いた当時は愛知で100名ほどの資格者の団体であったのが、資格取得の波が各士業に押し寄せてくる。資格取得の受験講座が次々と生まれた。またカルチャーセンターでの社労士受験講座も開設されて知り合いの女性社労士が講師となり盛況を呈する時代と

なった。地元の新聞社の開設した受験講座でも社労士を目指す人も次第に多くなっていった。

業務も多忙を極め、事務所の人材募集にも多数の応募者があるのだが、採用してもなかなか続かない状況で就職した人の殆どが業務をこなすことが出来ないケースも数多くあった。

自由業で生きて行くことの労苦を理解していないことが多く、基礎的な能力不足と人材の資質などに問題があることが非常に多くあり業界でも人がなかなか定着しないという共通の悩みを抱えているケースが常にあつた。

資格試験に挑戦して合格するのだが、その後の足取りは決して順調ではないのだ。毎年の合格率が5%〜10%で推移してゆくのだが、社労士として生き残ることの出来る人は10%以下の現実に直面してサラリーマンに戻るとか、ほかの職業を選択することも多く長年交流のある同業者からも常に同じ悩みを聞くことがあり、専門職であっても生き残ること・育てることの難しさがこの時代には共通した事柄であった。

このような自分の経験から社労士として伸びて行く人の共通項としての要因には

①	成長過程での体験	親の病気・事故・ケガなどによる困難な状況の経験
②	モチベーション	実体験に裏打ちされた人材は強い意志・信念がありやり抜く力がある
③	ポジティブな人物	何事に対しても前向きでまずやってみる気持ち
④	失敗を成長の糧に	自分の足りない要素を見つける機会ととらえる

⑤	成功者に見習うもの	成果を得ている人はニーズを的確に把握している
⑥	時代の変化に対処	自己の考え方を変える努力も必要
⑦	意識・見識の高さ	独りよがり・うぬぼれ・独善的な考えに陥らない事

こうした意識が必要ではないかと今でも考えている。

［出来る人物はちがう］とよく人は言う。どの業界に限らず当初からキラリと光る人物にはこれらの要素を備えていることが多い。成長の段階で人はさまざまな経験をして、その過程でこれらを身に付けて行くのだと考えられる。

　早くに両親や父母のいずれかを亡くした人が社労士として一人前の人物になることが多いのも、また社労士の子供が二代目として成功した例が少ないのもなるほどと思われるのである。人生は実によくしたものである。自分にあるDNAが子供にあるとの思い込みが強く、また時代の変化に対応できない場合もよく目にする。社会もまた移り行くのだと認識してみる必要があるのではないだろうか。

　話を元に戻そう。

　時代は移り行き昭和50年代後半には社労士業界も開業者が数多くなり熾烈な顧客獲得の施策をとる者も出てきた。

　社労士としてのPRの有効な手段として採られたのが労働保険の年度更新の時期の各事業所へのDM・電話での勧誘・2,3名の職員での訪問などの方策であった。

　なかでも、或る労働保険事務組合の強引な勧誘には多くの社労士から県の職安や県の労働局へ苦情が寄せられた。そのやり方は営業担当職員を歩合給として採用し連日2名を訪問勧誘に当たらせる方法。そして入会後に退会をする場合には脅迫ともいえる言動もとるのだとうわさが広

がりつつあった。

当事務所も勧誘された顧問先が各地域に出現した。

「本当にしつこくて大変でした。毎日2名の方が訪問され、うちは社労士さんがいますので、とお断りしてしても、うちへ変わられたほうがなにかと便宜を図りますよと執拗に粘られて」

と話される事業所や、またその事務組合から当事務所に変わられたところに訪問したときには

退会を申し出たのは脅されたからなのです。

社員が20名もいるのに就業規則がないのは違法です。すぐに作成しなければなりません。20万ほどかかりますがすぐやりましょう。

と言われて同業の仲間に聞くとそんなにはかかりませんよと言われたので退会を申し出ると

「うちには弁護士も公認会計士もおります。役所に通報しますよ。」

と脅迫めいた言葉が返ってきた。びっくりして顧問の税理士に相談して当方の事務所を紹介されました。との話。

当時、この事務所は名古屋でも目抜き通りに出来たばかりの新築の高層ビルの15階フロアすべてを借りていると噂になっていた頃で事務組合の加入事業所が500件を超えていたとか。毎月の新規加入も50以上あるが脱退も同数ぐらいあるとの話もよく知り合いの社労士から耳にしていた。

その後この事務組合は移転し、5年後には名古屋の幹線道路沿いに3階建てのビルを新築。今までと同様のやり方を継続していた模様で社労士仲間も静観していたところ、新築して2年もしないうちに代表の社労士が60歳で急死した。事務所は内部分裂状態となりビルも弁護士が購入。所属の職員はそれぞれに独立となったとの噂が流れた。信頼関係を構築されていない場合にはこのような経過を辿ってしまうのかと複雑な

気持がした。

　あくまでも事業所との継続性のある間柄、信頼される人物であることが肝要であることの一つの事例であった。

　社労士に限らず士業での名を成す人は、あくまでも誠実・信頼の厚い・面倒見の良い・話を熱心に聞いてくれるなどの素質を備えていることが多いのもうなずける。時代はさらに進んでゆく。行政の業務も次々と新制度の導入がなされた。

　雇用保険のトータルシステムの導入が昭和56年。手書きの時代から機械処理の時代となり社労士の業務でのオフコン、パソコンの導入が本格化する。給与計算の業務も当初のそろばんから電卓、そしてパソコンでの処理と変化していった。

　システム業者が乱立して競って社労士事務所の取り込みにしのぎを削る。社労士自身でソフトを考案して販売する者も出てきたが継続できたのはごくわずかにとどまったと思われる。本来の業務に精進することの大切さがこのことにおいても如実に表れている。

　昭和60年に入り中曽根内閣の行革が顕著となり、その表れの一環として社労士法の改正により法17条の付記の制度が設けられた。

　事務作業の中での添付書類が大幅に緩和されたことは実に画期的なことでそれまでの提出書類の多さにいささかうんざりすることが減少したこと、役人の態度の変わりように戸惑うことが多く不思議な思いがいつもしていた。

　社労士の制度発足当時の役所の態度には何度泣かされたことか。とにかく役人の応接態度は高飛車で届出書類を提出する際には苦情を言われることをいつも覚悟していた。

　「社労士なら年金の重複届をもつてくることがおかしい。年金の番号
　　の確認と指導ができていないのでこんな書類を出すのだろう。」

「死傷病報告の書き方を知らんのか。事業所に対して指導をしていないから労災事故が起きるんだ。」

「給与の計算の指導が出来ていないから残業手当の算出方法が間違っている。」

　などとこうも毎回文句をつけられるものだと思いながらも書類の受理をしてもらわないと話しにならないのでグッと我慢の日々が10年以上は続いた。

　この時代には算定基礎届の提出時は特に苦労した。毎年8月10日が提出期限で対象月が5, 6, 7月であり、7月の給与計算の終わるのと同時に約2週間で全部の事業所の基礎届を提出しなければならない。しかも当時の社会保険事務所の社労士の受付は一般の事業所の夏休みの期間、お盆の8月13, 14, 15日に設定されていて、しかも算定届とともに事業所の賃金台帳を持参することが条件であり自転車の荷台に台帳の入ったダンボール箱を積んで何度も往復したものである。

　現在の社労士を取り巻く環境では考えられない時代。年度更新の時期も5月15日を動かすことは省庁の予算編成の段階で毎年組み込まれているのでダメであるとの行政のかたくなな態度に半ばあきらめていたが、厚生省と労働省の統合から次第に軟化して5月20日となりその後の制度改正を経て現在の状況に至っている。

　また社労士業務のなかでも過労死の認定基準の数度のわたる変更は日弁連の提訴により積み重ねられた判決の認定の成果であり世の中の変化とともにこうした役所の姿勢も変わりゆくものなのであると認識した。

地元のナイカイ塩業

忘れられない事務所の出来事

幾星霜

事務所の巡回担当の5名は比較的順当に業務を遂行していて特に問題はないものと考えていたが、昭和58年にとんでもない事件が起こった。

　巡回担当者の一人が労災保険の料率年更を事業主から依頼されていたのだが長年放置していたことが発覚。それも数年前から頼まれていたのを巧みにいい逃れていたことがこの年に事業所からの訴えで判明する。法定の2年の遡及以前のことであり事業所から裁判を起こすと強硬な態度に出られて大問題となった。なんとか解決しなければ事務所の信用低下、他の顧問先の事業所や諸官庁への影響は計り知れない。所長と職員全員が頭を抱える事態となった。そして最終的には双方の代理弁護士の話合いで和解することが出来たのだが和解金として200万円の支払いと顧問契約の解除という結末となってしまった。

　どうしてこのようなことになったのか、今までのいきさつを本人に事情聴取をした結果は以下のとおり。

①　この事業所は設立当初から建築材料の鋼材を製作し労災保険料の適用料率は製造業であり、その後、制作部門と販売業務を合わせて業務を推進した。労災保険は製造業のままで推移し事業所としても特に異論はなかった。

②　10年ほど前から全体の売り上げに占める割合で販売部門が多くなりまた企業を取り巻く状況も厳しさを増し、企業全体の経費の見直しをしてゆく段階で［労災保険料が高いのではないか］の疑念が生じた。

③　社労士の顧問として20年以上の実績があり、その事務所を15年以上も担当していてほかの業務は問題なくまたこの担当職員には求人や健保・年金などでいろいろと世話になっているので任せておけば安心という事業所側の認識だった。

　　　　　《労災保険料を見直してくれるように》

と何回か社長から本人に話しておりそのうちに役所から調査に来てやってくれるものだと会社では思いこんでいた。

④　日常業務に追われてそのまま年数が経過。再び年度更新の時期となり再度どうなっているのかと尋ねるが明確な返事がないのを不思議に思った事業主が監督署に照会したところ何も手続きがされていないことが判明。事務所の所長に連絡して大騒ぎになった。

事業所では直ちに顧問弁護士に相談した結果、販売業として認定されていれば労災保険料の差額が400万円は下らないと想定されることが判明したのだが事業所と事務所双方の弁護士の話し合いで200万円を事務所が支払うことで和解した。

現在では社労士賠償責任保険もあり企業を取り巻く環境も変わりこのような事態は到底想定されないと思われるが、この時代には事業所の認識もそれほど強くなくこのような状況を招いたのかも知れない。

この担当者はその後あらゆる面で追い込まれてまたことあるごとにこの問題が提起されて自分自身が自暴自棄になり飲酒に溺れて朝から酒の匂いがするまでとなってしまった。それから間もなく巡回先の事業所で倒れ顧問先の医院に搬送され、名古屋市の郊外の自宅近くの病院に転院して末期の肝臓癌であることが判明する。

この年昭和63年の終わりに一度面会に病院に行くとまるで別人の姿にやせ衰えていた。病室を出るときに力なく手を振るのだが、なんとも言えない気持ちになった。桜の頃までは無理かなと思い病院を後にした。

その後彼の担当の事業所をほかの巡回担当に割り振り何とか乗り切った。

翌年の平成元年3月25日の早朝病院の巡回看護婦がベッドの上の食事用のテーブルに倒れている姿を発見したが既に手遅れであった。

葬儀の際、棺の蓋が一部開いているので不審に思って彼の妻に尋ねる

と
　　「足が硬直していて収めることが出来なかった」
　との言葉に胸をえぐられた記憶が今も心に残っている。
　火葬に立ち会うため所長と私の2名が残り骨壺に遺骨をおさめるために左右に分かれて骨拾いをすることに決めていたのだが突然親族の参列者が間に入ってしまつたため二人での骨拾いができなくなり、なんだろうと不思議な気持ちを抱いた。
　以前に事務所から独立した2名の社労士も58歳と55歳でこの世を去り短命であったことからして、自由業で生き残り人生を切り開いてゆくことの難しさを改めて思い知らされた出来事であった。
　この年、平成元年にはさらに実にさまざまな人生のドラマが待ち受けていた。
　労災保険料のトラブルから身を崩した彼が亡くなったのが平成元年3月25日。
　この日はまた所長夫妻と共に事務所を以前から支えていた奥様の実弟が加療で休業して半年になる日であり事務所を退職して療養に専念することが決まっていた当日でもあった。
　まったく同じ日に2名の長年勤務していた職員の退職が重なるとはなんという偶然なのだろうかと複雑な気持ちになった。そしてこの年は昭和の年号が昭和64年1月7日で終わり、1月8日が平成元年の初日となる。しかも1月8日は自分の誕生日。自分の誕生日が平成のスタートとなったのだ。
　なんということ。その前から愛知県庁まで昭和天皇のご快癒を祈念する記帳に数回出かけていただけに平成の年号に変わることが人生で初めての経験となった。
　これはもしかして平成の時代には自分の身になんらかの急激な変化と

なるのではないかとの予感がしたのを今まで覚えている。

　毎年の６月恒例の事務所の慰労として平成元年６月 18, 19 日の２日間の関西方面の旅行で信楽焼と宝塚地域を巡ることになった。

　18 日は朝からあいにくの雨でチャーターしたバスで土砂降りのなか信楽焼の本場を巡る。工芸館では狸の貯金箱が目についたので購入した。夕刻の宝塚に着くころには雨も止み宿泊先の宝塚グランドホテルに到着する。

　夕食の後で職員がくつろいでいたところに突然所長がに来てみんなと一緒に今夜は寝たいと言い出した。

　今までの旅行先ではなかったことに職員一同が戸惑い説諭してなんとか奥様の部屋に戻ってもらうことで安堵した。なぜなんだろうと皆が実に不思議な気持ちになる。しかし、その後の出来事を考えると［あれは自分で今までの感謝を伝えたかったのではないか］とも思われるのだ。

　旅行後はいつもの通り業務に追われる日々が続いた。６月の月末の繁忙する日々も無事にいつものように乗り越えた。そしてその頃から顧問先の事業所でも広く普及するようになり始めた週休２日制を事務所でも採用することが決まり７月から毎週土曜日を休日にすることになった。

　週休二日制の法の制定がなされたことで各企業でも加速度的に採用する流れとなり週 40 時間、年間 1800 時間の労働時間の総量規制が施行されて制度普及には大きな流れとなる。いつの時代に於いても法律改正がなされることで普及していく。特に労働関係諸法の改定はその影響力が労使に直接的に及ぶことになるため社会の関心度も常に大きいのだ。

　はじめての週休二日の７月１日は天候も良好で暑い時期を迎えていた。

　朝から知多半島の新舞子の海水浴場で楽しんでいたところ昼過ぎに突然海の色が赤く染まりはじめまたたく間に赤潮の海に変わる。これでは泳ぐ気にもなれず帰路についた。友人と自宅に帰りゆっくりビールを飲

んで寿司の出前を注文しようと話していた時に突然電話がなった。

　受話器をとると事務所の所長の奥さんの声。しかも泣きじゃくっているのだ。

　「所長が‼、所長が‼」

　「奥さん所長がどうしたんですか」

　「所長が亡くなったのーーーー」

　「温泉に入っていて亡くなったのーーー」

　「直ぐに帰るから事務所に来てエーーー」

　とあとは声にならない。何が何だかわからない。とにかくすぐ事務所に向わなければ。友人には事情を話して事務所へ。既に先輩の職員は到着していて事情を聞くと朝から夫婦で近くの遊興施設の尾張温泉に行き、昼食後午後1時半過ぎに入浴中に突然倒れたのだ。温泉施設の支配人や社員が懸命に人工呼吸を繰り返した。

　バスタオルを15枚ほども使用して医師も手当を尽くしてくれたがそのまま意識が回復しなかったのだ。もう少し若ければ蘇生出来たのではないかとも考えられるのだが77歳と高齢であったことと少し疲れも残っていたことも影響したのではないかと担当医師は話してくれたのだとか。

　事務所に着いて間もなく所長の顔と対面する。

　しかし、あまりにも突然のことで興奮が収まらない。実に安らかな顔で何か微笑んでいるような表情に見える。実に不思議なロマンスグレーがそこにある。眠っているのではないかとも思える。

　奥様の話によると、ここ数日東京に友人と社会保険労務士会の所用で出かけて少し疲れていた様子ではあったが初めての週休2日をとても喜んで温泉に行くことになったとか。

　午前10時頃に近くの尾張温泉に出かけのだ。ここは歌手のショータイムもある。

昼食後に少し休んで、入浴すると言って部屋から出たがなかなか戻らないので心配になり降りて行くとフロアで大騒ぎになっていて支配人の話では浴槽に沈んでいたのを引き上げて心臓を何度も押して呼吸を回復させようとしたが戻らなかっのだ。

　人の世のはかなさ、予期せぬ事が起こるのが世の常なのか。

　突然の別れに呆然としていたが、とにかく葬儀の準備をしなければと皆で手分けして取り掛かる。平成元年当時に葬祭専用の式場が誕生したばかりの頃で、名古屋市内の市街地の出来て間もない式場で葬儀を執り行うこととなった。

　振り返れば所長とは既に21年の年月を過ごしたことになっていた。岡山の自分の両親に育てられた期間が20年なのでそれよりも長い年月を送ってきたことになる。

　社労士の業務を一から教えていただき、また我が子のようにいつも見守っていてくれたいわば自分にとっての育ての親。所長は社労士の前に教師の経験、職安の職員の履歴もあり実にさまざまなノウハウを叩きこんでくれた。

　そしていつもきめ細かい配慮と奥深い洞察力も兼ね備えていてどうすれば人は教育できるのか、いわば人を育てる術も教えられたのだった。

◎　所長とは忘れられない思い出がある。

　昭和60年の晩秋の出来事が自分の人生の転機となるのではないかとは。

　ある顧問先の事業所の葬儀に所長の奥様が代理で列席することになり式場まで送りその日は土曜日でありそのまま帰宅した。そして休み明けの月曜日に出勤すると奥様が姿を現さない。

「どうかされましたか?」と所長に尋ねると「少し具合が悪いので休んでいる」

となにか口ごもった返事。

「おかしい、様子が変だ」と直感したがその日はそれ以上は聞くのをやめておく。

　翌日も出てこない。事務所の３階に住んでいるので「なんだろう」と不審に思いながらも、もう１日様子を見ようと我慢した。

　３日目になって少し強く出た。この日まで一度も顔を出さないのだ。おかしい。

「今日で３日にもなります。どんな様子ですか。医師の診察を受けられたほうがいいですよ。車で連れてゆきます。」とはっきりと行動する態度に出てみた。

　すると所長がようやく重い口を開いてくれた。土曜日の葬儀から帰ると気分が悪いと横になりその後回復した様子が見られないとのこと。これはただごとではないと直ぐにかかりつけの医師に連れて行くことにした。名古屋駅前の百貨店の中にあるクリニックが右手に出来ていた湿疹の治療でかかっていたところ。

　診察が終わりこの医師から言われた言葉に愕然とした。

「私の手にはとても手に負えないので知り合いの病院の医師へ紹介状を書きます。持参してすぐにかかってください。」

との返事。ますます不安になってくるが、とにかくすぐに紹介状を持って病院へ直行する。ここは名古屋城の近くの総合病院。受付のときに奥様はグッタリしていて血の気がない表情で目もうつろな様子。

　担当の医師から怒鳴られた。

「こんなになるまでどうして放置していたのか。

　もう１日遅れると命がなかったかもしれないのに‼ ‼」

と言葉を浴びせられた。「すみません。病気は何ですか。」と恐る恐る尋ねると

「狭心症です。心臓の冠動脈がすでに壊死しているのもある。かろうじてまだ動いているのもあるので直ぐに手術をして少しでもいい状態にするしか方法がない。即入院です‼」と言明された。

　すぐに所長に電話で連絡。「迷惑かけて申し訳ないなあ。頼むぞ。」の声に勇気を奮い起こす。人の命がかかっているのだ、やれることはやらなければと。

　手術は無事に終わり一命をとりとめた。そして２ヵ月以上の入院となった。それからは毎日業務が終わると所長を病院へ送ることになった。幸いこの病院が事務所の近くで助かったのだが年末年始も入院中で、毎年１月５日には商売繁盛のお札を受けに熱田神宮の境内の中にある神社に行くのだがこの年は所長と私で行くことになった。こんな年の初めは経験したことがない。

　元来丈夫な印象を持たれていた夫妻であり奥様は役所には長年にわたり出入りしていたため顔なじみの役人も多く入院したことは瞬く間に噂になった。当初の予定のとおり２か月の入院で退院から通院に変わり、食事療法で根本原因の糖尿病の治療に専念しなければならないことが最も重要であると指示された。本人の努力が実って半年後には以前の生活が出来るようになり安心した。

　それからまもなくある社会保険事務所に届書を持参したとき自分の最大の転機が訪れることになったのだ。

　顔見知りの社会保険事務所の年金課長が「入って来い。」と手招きをして自分の席のそばで話をしてくれる。

　［なんだろう］不思議な顔をしていると、机の上に茶封筒を置いてくれた。

　「なんですか?」と尋ねると「中身を見てみろ。事務所の所長と奥さんももういい蔵なんだから、だれかが資格をとっておかないと大変だぞ。

いい機会なんだから挑戦してみたらどうだ!! ちょうど今年は俺が試験会場の監督官だったので会場に残っていた試験問題が入っているので一度やってみろ。」と封筒を渡してくれたのだ。

　びっくりすると同時にこの人が長年気にとめていてくれたことに心底感謝の念で涙が溢れてきた。そしてその場から離れたときに「やらなければ」の思いでいっぱいになった。

　事務所に就職した時期がちょうど2名の先輩が無断で独立して顧問先を100件も持っていった直後であったため所長の怒りが怒髪天に達しそれ以降独立は絶対に認めないことになったことを聞いていたので社労士を受験することは出来ないものと半ば諦めていたのだ。しかし、いつかはチャンスがあるかもしれないと考え、受験講座のテキストは何度も改訂版を入手して自分なりに対策は採っていた。今振り返ればこのときまでに当時で一番よく出回っていた日本法令のテキストを6回は買い替えていたのではないかと思われる。

　この社会保険事務所の方の励ましにより受験のスイッチが入った。当時の住居の隣の住宅に受験生が猛勉強をしていて毎晩お互いに競争のように深夜まで机に向かった。ただ昼間働いているせいかいつの間にか寝ていることもあり、仕事と受験勉強は思った以上に大変だった。試験までの8か月との期限があったためそれでも何とか持続できたのかもしれない。

　8月の最終週の火曜日が試験日。そうなのだ、今と異なり当時は平日が試験日で休むことなどできるわけがない。しかも受験は出来ないことになっていたのだ。

　しかし、この年昭和61年は幸いなことに職員の体制が整っていて自分の仕事をうまく事前に処理しておけばなんとかなりそうで
「こんな機会はまずない、これを逃せば二度とチャンスは来ない」

と心に決めて決行することにした。

　試験日の前日に事務所の近くのいつも親しいガソリンスタンドの店主に事情を話して

「朝9時20分に車を乗ってくるので申し訳ないが午後4時頃まで止めさせてくれ。」

と依頼して了解を得た。晴天の日、このスタンドの前で流しのタクシーに乗車して試験会場へ。10時開始に間に合った。

　午前の受験が終わり記述試験の問題で健康保険が一問出来ていない。

　　［健康保険制度の目的は何か］の問題!?

　こんな出題があるとは予想すらしていない。どうしよう、でも総合評価だから望みを捨てずに午後もやろうと決意した。昼食後に事務所に電話連絡し急用の依頼がないことを聞いて一安心。

　午後3時すぎには会場から出られるので早めに終え再びタクシーでスタンドに戻り午後4時30分頃に事務所に帰る。そして前日に用意していた巡回報告のカードを何食わぬ顔で提出して勤務終了後帰宅。しかし不安でたまらない。当時地元新聞社主催の社労士受験講座の講師をしていた知り合いの女性社労士に事情を話した。

「内緒で初めて受けたが健康保険の記述問題がダメだった。残念だけど仕方ない。あなたの受験講座に申し込んで来年頑張る。」

と話したところ

「うちの受講生も何人か受けているので大丈夫、総合評価なので諦めないで。まだ可能性はあるので講座に申し込むのは発表が済んでからでいいのよ。」

と逆に励まされた。

　それからは自分ではダメだと半ば諦めていてこのことは忘れ毎日の業務に没頭していた。

11月2日合格者の発表の日。事務所でちょうど3階の部屋で誰もいないときに突然電話が。
「おめでとう、受かっていますよ。」と受験講座の講師をしている彼女の声。
「うちの講座の受験生も数名合格してました。」と明るい声にびっくり。
　直ぐに発表掲示のある官庁街の自治センターへ向かう。
　　　［あるある!!　自分のの受験番号が。本当だ!!］
　なんとも言えない気持ち!!　よかった、やった、やった!!
　胸の高ぶりを抑えきれない。長年の苦労が報われたのだ。との思いと共にこの機会を与えてくれた周囲の皆さんへの感謝で熱くなる。
　しかし喜んではいられない。実は所長が毎日［官報］をとっているのだ。
　当然、社労士の合格者は掲載されるのだ。どうしよう。明日にはわかってしまう。自分の名前を所長が見逃すはずはない。毎年きちんとチェックしているのだから。覚悟を決めなければならない。内緒で受けに行ったことがわかれば退職もしなければならない。ほかの職員との間もこれで信頼関係は消えるのだ。すぐに他の事務所に移ることはこの事務所で長年やってきていることを考えると許されるものではないし受け入れてくれるところは愛知ではないと覚悟しなければならない。
　当時、この事務所は愛知県下でも指折りのところで5本の指に入るとまで言われていて県下では名が通っていたところなのだ。
　翌日、出勤してみんなが朝の始業挨拶の終わった直後に所長がいつものとおりに官報を見ている。今朝は特に社労士の合格者の氏名が掲載されているので念入りに名前をチェックしているのが自分の席からもよくわかるのだ。
　しばらくしてそばの席にいる奥様に「この名前、どうだ。」と言い出

した。

万事休す。所長の席に呼ばれた。

「これは君か。」

はいと答えるしかない。

その時、突然奥様が「今年受けてみると言っていましたよ。」と話してくれたのだ。そんなことは誰にも言っていないのに、事前に聞いていたとその場をとりなしてくれた。ただただびっくり‼‼

そうなのだ、奥様は自分が倒れた時にいろいろと尽くしてくれたとの気持ちからいかにも自分が事前に聞いていたと言明してくれたのだ。

そのとき所長に奥様の気持ちが伝わっていたかどうかは定かではないが、それから所長が「よし名刺を作り直そう、社労士の資格を明記しよう。」と話してくれた。　またまたびっくり。所長も自分の感謝の気持ちを打ち出してくれたのだと悟る。

［よかった、またこの事務所でやれるのだ。］と胸をなでおろした。

自分の席に戻ると周囲の職員が白い目で見ている。当然だ、内緒で自分だけ受けに行きしかも合格して社労士の有資格者として公表することになるのだから。

しかしこんなことは覚悟のうえ。負けるわけにはいかないぞと心を決める。

それからは職員特に先輩の人との軋轢・いじめ・陰口・妬みなどは日常茶飯事。しかし、いつかは理解が得られるだろう、とにかく事務所の発展のために貢献しなければならないのだ、と言い聞かせて毎日の業務に今まで以上に打ち込んだ。

11月2日の発表から1ヵ月半ほどして県の社労士会に登録に行く。

12月16日に申請を終えて翌年昭和62年1月1日付けの登録となった。

昭和43年8月に事務所に入って以来、実に19年の歳月が経過して

いた。

　そしてこの日の夜になんと以前の労務管理士の時代に事務所で修業をして、その後開業し名古屋の近郊で事務所を構えていた事務所の第1期生が58歳の若さで急死したのだ。

　どうしてなのか偶然にしても実に不思議な気がした。そして自分に白羽の矢が。

　その事務所は奥さんと2人で営業していて3人の子供がいるが2人の男の子は大学4年と高校3年でなにも知らないのだという。この年末の急逝でどうしていいかわからないので途方にくれている。とにかくすぐにフォローしてこの12月を乗り切らなければならない。そのために12月17日から急遽応援に行くことになった。

　幸い長男が大学4年生で冬休みで帰省していた。すぐにその事務所の現状を聴取する。社会保険労務士の業務もどのようになっているのか確認することから開始。

　当時、労働保険事務組合の第三期の保険料の納期は11月30日が期限であったがかなりの事業所からの労働保険料の領収が遅れていて事務組合としての納入がされていないことが判明した。既に半月以上経過していて滞納報告もされていないありさまでどうなっているのかと不信感ばかりが沸き起こる。

　また、顧問先から依頼されている手続きも放置されている状態でどこから手を付ければいいのかと、しばし思案にくれる。

　とにかく基礎的な知識から教え込んで優先順位を決め高校生の次男にも参加させて徐々に慣れさせて進めていく。急死とはいえ亡くなる前日までは元気な様子であったとの話に夫婦で営業していた状況が想像出来るのだが

　　　［二人でやっていたのはこんなものなのか］

と自分の置かれている状況と比較してその違いに驚くとともに自分の所属している事務所のありがたさを改めて痛感した。

3日間の残務整理で何とか目途がつき自分の業務も年末で多忙を極めているので［なにかあれば電話で指導する］ことで4日目に事務所に出勤したところ思わぬ話が進行していたのだ。

事務所で一番古参の職員がいきなり「その事務所でやればいいではないか。」と言ってくる。わずか3日でそんな話が出ていることにも驚くと同時にいかに自分に対して敵愾心を抱いているかが改めてよくわかるのだった。

所長から［どうだ］問いかけられてきっぱりといった。

「この事務所以外でやる気持ちはありません。」と声を大きくして宣言したのだった。わずか3日の空白それも依頼されて出かけた事がこのような事態になるのだから少しの油断も出来ない。しかし幸いにも所長の信頼があるからこそ今の自分の立ち位置があるのだ。

その後この事務所はある知り合いの社労士のお世話になり数年後に長男が有資格者となって事務所を継続することとなった。いろいろな事情があるとはいえ自由業で生きていくことのむつかしさと共に人の世の厳しさを痛感した出来事だった。

翌年の昭和62年1月1日付けで社労士登録。さすがに顧問先の反応はすさまじくやはり資格の世の中。相変わらず先輩の職員の嫌味・妬みなどはいつものことでそんな事は気にせずにやれとの激励を所長夫妻から頂いて安心して業務に全力で邁進する日々。研修は所長の名代での出席となり翌日には研修内容を職員全員に説明し事務所としての対応の仕方を協議することとなり、次第にその回数が増えて行くに従い職員とのわだかまりも少なくなった。

近隣の海岸風景

大変な事件に遭遇することに

幾星霜

平成元年7月1日に所長が急逝して以後奥様が代表となり事務所を継承した。

　当初は皆で力を合わせて業務を遂行して行くが、やはり自分だけが有資格者であることは古参の職員との間に溝ができて後ろ盾の所長が亡きあとは露骨に嫌味を言われることもしばしば表面化して立場が悪化していった。

　ときには奥様からも

「私がいなくなればいいと思っているんでしょう。」

と言われて余りの悔しさに思わず「所長がいれば――」と口びるを噛み締めることもあった。

　この年平成2年にこの古参の職員は社労士を受験して失敗していたのだった。

　ほかの職員から話を聞いてなるほどと納得した。

　そしてこの年には会計検査院の検査で社労士の顧問先が何件か対象となりしかも従来の県の社会保険事務所の指針とは異なる指摘を検査官から受けて社労士会と社会保険事務所との軋轢が生じた。

　その後双方の協議の結果、指針が県下の社労士全員に配布され特に取得時の報酬の決定の際には時間外賃金の算入を確実に実施すること・休日労働の場合にも恒常的になされている場合には特に留意して算入漏れのないようにすることなどの指導がなされた。

　平成3年の所長の三回忌法要も無事終わり、9月半ばに京都の東本願寺に納骨に行くこととなった。奥様は足が少し重く付き添い役として私と女性の職員が同行することに。土曜日で名古屋駅を午前9時半に出発して、新幹線で京都までは30分ほど。

　京都駅からタクシーで東本願寺へ。10時から当日の参詣者を集めて法話があり「開始してしばらくしてお名前でお呼びして、本堂で永代供

養を１組だけで執り行います。］との案内が受付である。当日の参詣者の中で永代供養料を20万円納めたのはほかにいないので先に供養をしていただけるとの事。

［そうなんだ、なにごとも金次第。最後の供養も例外ではないのだ］と同感する。受付での案内のとおり奥様だけ名前が呼ばれて先に供養が執り行われる。

さすがに大広間での僧侶６人での読経は迫力があり荘厳な気分に浸る。

所長もさぞ満足しているだろうと感心するとともに、夫婦のの愛情の深さをを知る思いで気持ちが高ぶる。無事永代供養が終わり廊下をわたっていた時にその他の人びとの一団が供養に向かうのとすれ違いになった。なにか胸を張る気分。改めて俗世間のお金の力を知ることとなった。

それから太秦の映画村へ行くことに。ちょうど歌手の五木ひろしのショーがあり30分ほど見ていた時いつの間にか奥様の姿がない。二人で探して歩くと食事処にいる。なんでも「五木ひろしは好きではないので先にここに来ていた。」と。

所長が亡くなって以後少しずつ気持ちの変動が大きくなっているのがわかる。

無理もない。昭和35年から平成元年まで30年共に事務所のために大変な努力をされて築きあげてきた方なのだから、と慰労する。

それにしても京都の水はあまりおいしくない。琵琶湖の水質の変化で異なるとか。永代供養から帰り日曜日を挟んで月曜には奥様がすこぶる元気。あれほど疲れた顔をしていたのが信じられない。なんでも京都から帰り土曜の夜は事務所のそばにあるホテルで泊まって何かいい出来事があった様子。こんなに生き生きとした表情は久し振りに見る気がする。

それからは毎日ホテルに行くのが日課となったのだ。

永代供養も終わり一段落したので事務所の恒例の旅行で初めて海外へ

行くことになった。費用はすべて事務所で賄うので誰も異存はない。2泊3日の日程でグアムか香港かと旅行社で説明を聞いたうえで奥様がいつものホテルの知人に相談するとの申し出があり、職員2名も同行して一緒に説明を聞くことになった。

なかなかの男前。ホテルマンでさすがに人当たりはうまい。これなら奥様が好感を持たれるはずだと感心して話を聞く。予定はまだ先の来年の5月頃のことなので一度職員の意向も聞いたうえで行く先を決めることになった。

その前にいつもの秋の日帰り信州リンゴ狩りの旅がある。今年は11月9日。社会保険協会主催の旅で費用も安くしかも信州の飯田のリンゴをその場で味わい土産もある。途中に水引工芸、寺院・菓子の里などにも立ち寄る値打ちな旅。

この年も数名が事務所から参加。ほかの事業所の人とも交流が出来て面白い。

日曜日の朝早く出発する。名古屋駅近くのバスの乗車場所では先にバスの車内に乗り込んで中央付近の席にいたところ奥様が席を替わってほしいとの申し出で最後尾の席に移動する。

隣の席にノリタケカンパニーの社員の方が着席されてとても気さくな中年の女性でいろいろと話が弾む。奥様の隣にはいつも親しいデパート勤務の女性。

しかしあまり話をしているように見えないのだ。いつもだとお互いにいろいろと楽しそうにおしゃべりをしているのにきょうはなぜか会話がない様子。おかしいと思いつつこちらは仕事のこと・社会保険のことなどを話し込んでいる。リンゴ狩りの前に水引工芸館を見学していたときのこと。奥様が「あんたは誰とでもすぐに話が弾んでいいね！」と言われる。

どうしたんだろう、席をかわって欲しいと言われたので一番後ろに移ったのだけれど、どうも元気がないのだ。変なことを言われると思いながらも予定のコースを無事終了して午後6時頃名古屋駅前に到着した。

ここでもまた変な行動に奥様が出られる。いつもなら何も言わず直ぐに帰るのにきょうはわざわざバスから降りて職員に挨拶するのだ。

『きょうは本当にありがとう』

職員一同がびっくりする。そして全員が帰路につくのを見てから帰られた。

本当にどうしたのだろうと不思議な感覚を覚えた。

翌日、いつものように午前8時20分ごろに出勤。9時の業務開始までに出入り口のシャッターを開けて螺旋階段を上がり、2階の出入り口から入り下に降りて行く。

シャッターの脇の1階の出入り口の施錠を解除しておくのが自分の役目。いつもの通りの作業。しかしどうも1階の出入り口のドアノブがいつもとは少し違う感じがする。変だな。こじ開けたような形跡が残っている気がする。おかしいと思いながら少し早く来た女性職員と業務開始の準備に取り掛かる。そのうちに他の職員も全員が揃い仕事を開始する。

いつもなら午前9時過ぎには3階の居室から2階に降りてくる奥様が姿を見せない。

9時半になっても見えないのだ。「おかしいなあ。」と皆が顔を合わせる。「見てきてくれないか」と古参の職員に促されてすぐに3階に向かうことに。

11月10日は既に少し肌寒いころなのに入り口の扉が少し開いている。

そして「奥さん、奥さん」と声をかけてみるも物音がしない。隣の部屋のガラス戸を開けてベッドを見ると少し布団が高くなっている。

［まだお休みなのだ］ともう一度呼びかけてみる。やはり反応がない。

おかしいと思いながらベッドと戸のあいだを見た。

　　!!なんだ、どうして、ええ──??

何が何だかわからない。その姿。まさにスリップ一枚で横に倒れている姿。

何事が起こったのかまったくわからない。首には電話機のコードが巻き付いている。足から太ももには紫色の丸みのある斑点がいくつも出ている。

もしかしてこれが死斑なのか、と。そうなんだ、推理小説で出てくる言葉が突差に浮かんだ。

すぐに下の２階に降りて話して大騒動になる。先輩の職員も見て血の気が引いている。

　　警察に110番!! !!

パトカーや救急車のサイレンが響きわたる。映画の世界にいるのではない、現実なのだ。自分が第一発見者。どうしよう、いや、とにかく立ち向かはなければと極力冷静にと気持ちを落ち着かせるが、たかぶってどうしようもない。なんでこんな目に合うのだ。自分の人生でこんな事件がおこるとは??と頭がおかしくなる。

次々と警察官・検視官・消防署員・刑事など30名以上の人で埋め尽くされる。

まさにサスペンスドラマで見る光景。労災事故で災害現場は何度も経験しているのである程度のことには慣れているがこんなことは初めて。

どうなるのかわからない。しかし対応するしかないのだ。これからのことなど今は考えられない。目先の事に向かわなければならないのだ。

調べが始まる。刑事・検視官・警察官など誰がなにをしているのか何もわからない。

とりあえず下の２階に降りて待機する。突然あのホテルマンが制服姿

で現れる。

「救急車のサイレンが聞こえたのでまさかとは思ったが来てみた。」と言う。

　あまりにも早い行動にびっくりするが、冷静に対応する。いきさつを話すと涙を流してすぐに帰った。

　とにかく右往左往する状況のなかで仕事どころではないのだ。

　約30分余りの時間が経過した時に、自分と女性職員が所轄の警察署で事情を聞かれることになった。

　それぞれ別の車両で警察署に向かうことに。どうしてだろうと少し変に思った。署についても女性職員の姿はない。自分自身は警察署の署員のいる執務室に。

　着席した時「大変だったねー。びっくりしたろ。」と慰めの言葉を掛けてくれる。

「何がなんだかわかりません。息が止まりそうでした。」と興奮冷めやらぬ声で返事をする。「本当にそうなんだ。あの姿紫色の斑点などが頭をよぎる」のだ。

　一呼吸おいてそばの署員が

「調書をこれから作るので、発見したときからのことを話して。それから私がパソコンで調書を作るので後で読み上げたときに違うところがあればそのところをいってくれればいいよ。まあ、ゆっくりやっていこう。」と気持ちをほぐしてくれる。なにか少し落ち着いてきた。[そうだ奥さんのためにもやれることはしなければならないぞ]と冷静さが戻ってきた。

　調書を作成し終えたところで、担当署員が昼飯をとりよせてくれるという。

　こんなときにと胸が熱くなる。「我々は一目見ればどういう人間かはある程度わかるよ。最初からあなたは事件には関係ないと考えて対応し

ているので大丈夫だ。」と再び慰めてくれる。昼食に「焼きそば定食」を取り寄せてくれた。

　意外にも全部たいらげる。平常心が回復したのだと思った。しばらくして事務所に送り届けるといってくれる。

　事務所の近くに来た時の事。

　　「やあー来とるなあーー。すげえなあーー」

と署員の声。なんだろう、道路の両側100m以上車がびっしりと並んでいる。

　どこかの葬儀でもあるのかと一瞬勘違いした思ったほどの車の列。

　マスコミが埋め尽くしているのだ。なんということなんだ、こんなには早く来ているとは。

「車が事務所に着いたらドアを開けるとすぐ事務所に入りなさい。捕まったらえらいことだぞ‼ ‼」

と教えてくれる。

　事務所の奥の入り口めがけて一目散に走った。

［よかった、捕まらなかった］と2階に駆け上がる。

　まだ大勢のひと。大変な事件なのだと改めて思い知る。女性職員の姿はない。

　まだ警察署にいるのだと教えてくれた。どうも前日の午後8時すぎまで一緒に食事をしていたので最後に奥様を知ることで状況を詳細に聴取されているとか。死亡推定時刻がどうも［前日の午後10時ごろ］と検死の結果わかったのだという。あの駅での挨拶から4時間ほどのことなのだ。

　本当になにがあったのだろうか。所長が亡くなって以後ひとり暮らしでビルの3階に住んでいて我々は仕事が終わると帰宅する毎日であり、私生活のことは知らないことがほとんどでご自身で話されること以外は

記憶がないのだ。

しかし、この日から周囲の目・状況はすさまじく変わった。警察で事情聴取を受けていた頃には既にテレビ・ラジオの報道が頻繁に流されていた。当時はまだこのような事件はほとんどなくマスコミの報道で瞬く間に世間に知られることとなった。

あれほど頻繁にかかっていた電話が鳴らない。事務所の前はロープが張られ自由に出入りできないことになった。2階からも道路の人だかり・ざわめきの音が室内にも聞こえてくる。帰るときには異様な目で見られる。なかには顧問先の人が声をかけてくるが警察から話すことは厳禁と指示されていた。

自宅にかかる電話も何も話すなと厳命されていたのだ。

帰るとすかさずドアの出入り口に記者が待ち構えている。室内に入るなり電話が鳴る。気の休まるところではない。

マスコミの凄まじさは恐ろしいほど。疲れた体にも容赦ないベルの音。

これからどうなるんだろう事務所はもうおしまいかも知れない。どうしよう??

途方にくれる。それでも捜査には協力しなければと翌日も定刻前には出勤する。

あの女性職員の姿があるが見るからに憔悴している。50歳半ばの年齢でまだ事務所に就職して2か月ほど。一日中取調室で調べられたのだとか。自分自身とは違って大変なことだったのだ。わずか一日でこんなにもやつれてしまっている。

事件発覚後、遺体を司法解剖に附されて3日目に仮通夜を関係者のみで行う。

その際に遺体の顔を見て思わず涙が溢れた。首筋の皮膚がめくれてい

るのだ。巻き付けられた電話機のコードをとろうと必死でもがいたのではないかと思われるのだ。

　どんなに苦しいことだったろう。力尽きたのだろうか。

　犯人はどうしていたのか、なんでこんなむごいことをするのかと怒りに震える。

　可哀そうでたまらない。

　近所の親しい司法書士の奥様が死に化粧をしてさしあげましょうよ、と言われて皆の嗚咽が響いた。たまらない。

　4日目に通夜、翌日が葬儀となった。通夜の夕方に参列者の中で県の社労士会長が突然事務所に来て参列者のために葬儀社の用意したバスで会場に向かうという。

　何のためにわざわざ20分もかかるところに来るのか。意図がわからない。あの高級車志向の会長が何のために遠方の自宅からわざわざ来るとは。事務所の様子を少し垣間見てそそくさとバスに乗り込む。

　通夜の前に捜査担当刑事からだれにもわからないように耳打ちされた。［ある者が必ず通夜と葬儀に現れるので、そのときに会場で来場者として署名をする。そのときに左利きはどうかみてほしい。］と依頼された。なにのことかまったくわからないが受付のところに待機してその人の来るのを待つ。

　来た。そして間違いなく左利きだ。その翌日の葬儀でも同じように左手で署名をしている。目には涙をためて必死で耐えているのだ。11月10日の朝早くにすぐに来た男。

　捜査担当刑事にいう。間違いなく左利きでしたと。うなずく。何かあるぞと考えてみた。そうだ、あの日3階の仏壇のそばにあったと刑事が教えてくれた証拠の物で［金100万円の借用書］の字と同じだ。捜査のとき仏壇には現金50万円があったとも聞かされていた。これはいっ

たいなにを意味するのか。

　捜査は連日続いた。職員全員が毛髪・血液・指紋を採取される。そして毎日夕方にはその日で確認された遺品のリストアップした書類に署名・捺印する役目を担うことになった。その数の多さにびっくり。毎日100枚以上の書類にサインして捺印をする。

　物が多すぎるので大変なのだと捜査官が話す。こちらも毎日、署名と捺印の山。

　4か目には係官が署名だけで済ましてくれ、代わりに捺印をしてくれた。なかにはスゴイ物もあったのだ。係官が「我々では到底手にできない宝石が3個もあった。」と教えてくれた。皆が必死で働いたことがこの貴金属にも形を変えて現れている。

　奥様も所長が亡くなって以降、宝石に魅了されたのだろう。その気持ちはわからないでもない。しかし、とても複雑な心境なのだ。

　葬儀が終わり少し落ち着きを取り戻して顧問先からも動揺が少なく内心ホッとするのも束の間。

　事務所の代表のことで内紛が起こる。資格の有る者は自分だけで奥様の弟と行方不明だった奥様の妹が新聞記事を見て突然現れて遺産相続と共に事務所をどうするかでも職員を含めて意見がいろいろと出てくる。弟は、長年事務所で働いていて昭和63年の当初から病気で加療休業していて平成元年の3月で退職していたのだが、この事件を契機に事務所に籍を戻ししかも自分が相続人で業務経験が豊富であるので自分が全ての実権を把握すると主張したのだ。

　このことはすぐに縁戚関係にある事務所の顧問税理士の耳に入り、あの葬儀の際に事務所の様子をうかがっていた社労士会の会長が乗り出してきた。

　そして平成4年2月20日に当時完成して間もないNHK名古屋放送

局のビルのなかの喫茶店での弟・私・税理士そして会長が集まり今後のことを話し合うことになった。しかし妥協点は見い出せず会長が自分で最良の方策を考えるという提案を受け入れることになった。

　それから一週間経過した2月28日に突然「速達郵便の封書」が事務所に届く。

　なんだろうと開けて驚愕した。その文面には

　　　[　①　事務所はこの会長の事務所に併合すること　]
　　　[　②　労働保険事務組合も会長の事務組合に編入する]
　　　[　③　すべてこの会長名義で運営していくこと]
　　　[　④　速やかに結論を出して同意書を提出すること]

と驚くべき内容が明記されていたのだ。しかもあの2月20日の請求書と顧問契約の文面まで用意されているではないか。

　県の社労士会の会長職にある人間の行為としてこんなことが許されるのか。

　確かにこの人には昭和46年の11月の労災保険事務組合を設立する際に事務所の所長に連れられてその事務所に行き当時の補佐役の人から詳細に教授していただいて、その後事務所から御礼をしているのだ。あの時から既に20年以上が経過していてこの補佐役の人もその後独立して開業し数年前に病に倒れて亡くなっている。

　なんという人間なのだと何とも言えない気持ちになった。

　2月20日の会合のときの請求金額も記載されている。わずか1時間にも満たない時間であったのだが総額が10万円以上であった。しかも、交通費として分単位で費用が請求されている。こんなことは到底納得できるものではない。

　どうしよう。実はこの年、平成4年2月4日に私の母が亡くなっていたのだ。

事件・葬儀・事務所の問題・母の死と実にさまざまな出来事を抱えることに。

　まさに平成に年号が変わり激動する自分の人生の真っ只中にいた。

山陽一の塩田王　野崎邸

母の葬儀と自立への決意

幾星霜

母は生後 28 日で養女に出され、幼い頃から苦労の連続であった。父と 21 歳のときに結婚して 7 人もの子供を授かり育てた。第二次世界大戦で 300 万人もの犠牲者を出した日本では、戦後のまさに［産めよ増やせよ］の時代で、物資不足や食料難で子育てに自分を犠牲にしてなんとか暮らしていたのだ。牛乳や肉は子供に与え、自分は常に我慢・忍耐の日々の連続であった。長年の労苦が 40 歳を過ぎると体に障害を与えることになった。

　当初は農婦病と言われていて、過労と心労、栄養不足などが体を蝕んでいた。

　自分が小学生の頃には既に手と足の障害が出ていて満足に箸を持つことさえ出来ない状態であり、学校から帰ると母の足をマッサージすることが日課になった。

　医師からリュウマチを患つていると告げられた。しかも当時は効く薬がなく進行を遅らせる以外に方法がなかった。

　父もなんとかして痛みを緩和できないか、どこかにいい医者はいないかとか少しでも母の体を楽にさせてやりたいと懸命に走り回ることもあった。

　自分の記憶のなかにいつもあの夏の出来事がよみがえってくる。

　小学 3 年生の頃ではなかったかと思うが、夏休みの或る日父に連れられて宇野線で蒸気機関車に揺られて茶屋町まで行き、そこから山の方向に歩いて祈祷所のような場所に着いた。父はそこで母の病状を話して 30 分以上祈祷をしてもらい、汗を拭きながら帰った記憶が何故か今も鮮明な思い出として残っている。その後もリュウマチの症状は悪化するばかり。

　社会人になり時々、帰省していた時にも不自由な腕と手を片方で支えて懸命に痛みに耐えていた姿が今でも浮かんでくる。顔には苦しみを出さないように歯を食いしばり笑顔で「元気で仕事をしとるの。」と声を

掛けてくれる。そんな母もやがて起き上がることも出来なくなり、亡くなる3年ほどの間は寝たきりとなり、こちらからの問いかけにも反応をしなくなっていった。

平成3年の年末には時間の問題だと告知されて覚悟はしていた。しかし事件の対応で帰省することも出来なくて死に目には会えないものと自覚していた。

平成4年2月4日の昼過ぎに事務所に電話があった。正午に亡くなったとの知らせ。

しかし仕事を放置することなど出来ない。しかもまだ事務所の後継者を誰にするかが決まっていない状態で身動きがとれないのだ。

事務所の職員全員に事情を話して取り合えず通夜と葬儀には出るために3日間だけ休むことにした。次の日は木曜日で午前中で仕事を出来るだけ処理して午後の新幹線に乗る。夕方には瀬戸内海に近い自宅に。そして母の顔と対面した。

すっかり小さくなっている。翌日の火葬後、母の棺から足に固定されていたボルトを見た時にはどうしても涙を抑えることができなかった。こうして生きながらえて少しでも歩くことに執念を燃やしていたのだ。7人の子供を育て戦争で父が外地にいるときにもよく耐え忍んだ人生。大学卒業後、旅立つ自分をいつまでもバスの後ろから見送る姿が浮かんできた。

なんとも言えない気持ち。しかしすぐに名古屋に帰り仕事に戻らなければならないのだ。悲しんではいられない。

名古屋に帰った日曜日の夕方、自宅のマンションのドアのそばに分厚い小包がある。急いで部屋の中で開封すると開業社労士の登録通知と付記印、そして会員の登録看板が出てきた。思わず17条付記印を握りしめる。母の命が込められている気がした。

両方の目から涙が止めどなく溢れてくる。いいんだ、思いきり泣こう──‼ ‼

　1時間ほどして気持ちの整理がついた。「よし、なにがなんでもやろう。この付記印が必ず守ってくれる。きっと道は開ける、いや自分の力で何が何でも切り開いてやるぞ‼ ‼」翌日事務所の出入り口の壁に登録看板を打ち付ける。［さあ、どこからでもかかってこい］の心境なのだ。［だれがなんと言おうと負けるもんか。］と気合を入れる。

　翌日のこと。捜査を続けている愛知県警の刑事係長が大きな声で励ましてくれた。

「大変だったね─。あんたが居ないとこの事務所はまわっていかないんだ。がんばれ‼」

　それまでほとんど言葉を交わしていないのに理解してくれているのだ。顔が紅潮する。やはり見る人がみればわかるのだ。何かそれまでの、もやもやとしていたものが吹き飛んだ思い。そして本当に道が開けてきたのだった。

　自分で打開策を見出さなければと必死で考えた。そうだ、あの人に事情を話してみよう。社労士受験の際に合格を知られてくれた受験講座の講師をしていた女性社労士で年金のプロとして県下では名が知られている。

　この人なら何でも遠慮なく打ち明けて相談することが出来る。しかもこの人は以前自分で開業する前の半年ほど、事務所で業務を共にしていたことでもあり、社労士会の役員も長年経験している。業界の事情には詳しいのだ。

　これまでの経緯・事務所の実情を説明してみる。そのなかで社労士会の会長の事務所のことも聞くことが出来た。

　◎　自分の事務所で長年勤務していた女性職員が退職の際に積み立てていた退職金の支払いがなく職員が訴えてしぶしぶ支払いに応じ

たこと

◎　事務所の片腕であった副所長が独立し開業していたが、病気で死去したときに駆けつけてその事務所の顧問先を獲得しようとしたが、既に別の社労士に後を託していてその目論見が見事にはずれたこと

などさまざまな出来事が会長の周辺であったことが判明する。

今回の異常ともいえる会長の行動にも［あの人ならやりかねないでしょう。いま届いている請求書は絶対に支払ってはダメ。彼の思う壺にはまってしまうよ。］とアドバイスしてくれる。そして自分が所属している支部の支部長に相談をすることを提案してくれた。そうだあの支部長なら適任かもしれない。この支部長は開業するときに亡くなった所長からフォローを受けていた人物なのだから。

動いてくれた。助かった。そして亡くなった奥様の弟は長年の勤務経験もあること、古くからいる職員との兼ね合いもあるので事務所の経理担当として再度、事務所に入り、私は事務所の代表社労士として業務全般を担うことになった。当然のことながら社労士会長の提示した案は対象外となり請求書は無視することに決定した。

しかし、あの会長のこと今後どのような態度に出てくるかもしれない。油断はできないのだ。しばらくは会長が何らかの行動を起こしてくるのではないかと心配で頭から離れない日が続いた。１ヵ月が経過し何事もなく業務を継続できたので、ようやくいつもの状況に落ち着いた。

その年、平成４年の５月のゴールデンウイークの頃にこの弟の体に異変が起こる。

相続問題で妹との確執もあり、事務所に来ても青い顔で表情も暗い。

そして間もなく入院して胃の全摘手術をする事態となった。退院後も痩せてしまっている。来ていても机の上で伏せていて出勤する日も少な

くなった。

　それとは関係なくこちらの業務量はとてつもなく多いのだ。1か月だけで離職票を100枚提出することもあり、それ以外の健康保険の得喪・給付請求書・労災関係書類など毎日顧問先の巡回担当職員4名の持ち帰る書類と自分の担当先の書類の精査・付記印・社労士印の確認などに忙殺されることが続く。

　年間の雇用保険の書類だけでも、内勤の職員からの報告によれば1500枚以上にのぼる。それでも耐えなければならない。やると決めたのだからと心に言い聞かせる。3年が経過する頃には疲労がピークになっていたのか平成7年2月のこと。いつもの散髪屋の主人が

「どうしたんですか。なにがあったんです??」と整髪していた時に言うのだ。

「円形脱毛症になっていますよ。」と手鏡で頭の上部を見せてくれる。

［本当だ。やはり疲れがたまってしまっているんだ］と自分で気が付いた。

　こんな状態をこれからもやり続けることは無理かも知れないと不安な意識が充満していた。

　そんな状態で3月を迎えたある日の朝。何か体がおかしい。突然意識が薄らいでいく。

　この年の2月下旬頃からいつもの花粉症の症状が悪化していて今までなかった喘息も現れていた。しかし仕事に追われて医者にもかからず自分で市販の薬で対応していたのが悪く時々発作も出ていたのを我慢していたのだ。起きた途端にこのようになったこともない。このままではダメだと夢中で右手で腕をつねる。ああ、なんとか気は付いたのだ。それからふらふらの状態でも出ていく。仕事があるのだ。

　休むことはできないのだからと言い聞かせている。なんとか至急処理する用件だけ済ませて自分の顧問先のクリニックに着いて話をすると点

滴をすぐに開始してくれる。約1時間、横になって点滴の袋から右腕に投与しているのを見ていた。楽になった。投薬を頂いて一週間様子をみてまだ回復していなければもう一度処方することになった。

なんとか普段の状態の近くまで体力が回復する。良かった助かったと大感謝。

しかし苦難はそれからさらに続く。3月中旬にどうも事務所の様子がおかしいのだ。

［なにかあれば連絡する］と話をしていた県の社労士会の事務局長から携帯に連絡が入る。あの弟が事務所が自分の意のままにならないことに不満を持ち、古くからいる職員とも相談して別の社労士の有資格者を事務所に入れることが進んでいてその人はある社会保険事務所の相談員だと教えてくれた。

［やはりそうなんだ。］このところ3人だけで事務所に残り話をしていることが頻繁に見受けられると感じていたのだ。

そして社労士会の事務局長の仲介により平成7年3月21日に社労士会の事務局で亡くなった奥様の実の弟と自分それに事務局長の3名で話し合いをすることになった。話し合いは当初から平行線。折り合うことなどなし。予想通りの結果であった。

自分で事務所を開くことになる。事務局長も「それがいい、3年ものあいだ苦労して辛抱していたのだから。御礼奉公をしたのだ。」と激励してくれる。

そうなのだ、あの事件の時にも数名の顧問先の事業主が［すぐに出て事務所を開け］と説得してくれたのだ。それを3年間耐えてきたのだ。

改めていい機会なのだと気持ちを整えた。

物別れになってすぐに行動開始。このような結末になると事前に想定していて知り合いの社労士に紹介してもらった不動産会社の社員と賃貸

物件をいくつか下見をしていたのだ。その中の一件は名古屋駅に近くしかも3階建てのビルの一階。

　13坪でちょうど広さ。大家さんが道路の拡幅の際にビルを新築していて、1年前に2、3階を息子の住居にして1階を賃貸にすることにしていたが室内を汚されない商売を希望していたので条件もピッタリ。

　早速手付金を支払い契約。ちょうど隣の駐車場にも空きがありすぐに契約した。

　前の契約先が出たばかりで駐車場の使用金額を割り引いてくれる。ありがたい。

　電話とファックスは顧問先の通信設備工事会社がすぐに手配してくれて番号を確保してくれた。しかもいい番号!!

　机と椅子は知り合いの会社の紹介先で安く購入出来た。ロッカーは馴染みの生命保険会社の外交員がお祝いにプレゼントしてくれたのだ。事務所に飾る大きな額縁入りの絵画も顧問先からお祝いで届く。まさに次々とわずか二日で整備出来た。

　［こんなことがあるとは──!!］

　となんとも言えない気持ち。長年の努力の甲斐があったのだ。と改めて自分のこれまでの日々を回顧する。そして職員も二名を紹介されて採用することにした。

　在籍していた事務所は8月31日で退職して平成7年9月4日に自分の事務所を開設することになる。この日が日柄もよく当時は算定基礎届の提出期限が8月10日であり社労士の関与する事業所で遅れた場合にも8月31日までが最終期限であり、また業務の準備期間も若干必要でもあるためこの日をオープンする日として各事業所・知り合いの社労士・税理士・司法書士などへ開設の案内を発送した。

　この名古屋駅まで歩いても12分ほどの場所は他にも借り手があった

のだがその製薬会社がまだ手付金を支払っていないために大家さんが自分のほうを優先してくれたのだった。

9月4日にこの会社が来て［しまった。やられた。］と言って帰った時のことは今でも鮮明に記憶に残っている。

この日の朝から大勢のお祝いが届く。ランの鉢植えだけでも15鉢。事務所の壁には風水で黄色の絵画が縁起がいいと持参してくれる事業所や、社労士の知人からは観葉植物の鉢植えが届く。しかも事業所からは事業主の奥様が次々と外車を事務所の前に乗り付けるのでびっくり。周囲の住人にはどのような印象を持たれたのかといささか心配になるほど。

こんなにもお祝いが来るとは夢にも思っていなかった。

やはり皆様は理解してくれていたのだった。自分が担当していた顧問先の95％もの事業所が引き続いて顧問先となってくれたのだ。

それからは無我夢中。休むことなど出来ない。日曜日にも事務所にいるとやはり事業所の社長が顔を見せてくれる。

「休みでもやっとるね――!!　今が一番の頑張りどきだからしっかりやってよ――。期待しとるで!! !!」

と朝、近くの喫茶店に行った帰りに声を掛けてくれる。自然と力が入る。

自分の力量が試されるのだ。今までできなかったこともやれるのだとまさに羽ばたくときなのだと感じた。

それでも一抹の不安があった。前の事務所から自分に委託してくれた事業所に攻勢が掛けられたのだ。当然のこと。選択肢は事業所にあるのだから。

しかし、何度もそうした行為により、かえつて顧問先の反感を持たれることになり1か月が経過するうちに自然となくなった。ようやく自分でやれる自信が湧いてきたのだった。

ところがそんなにすべてが順調に進むはずがないのは世の習い。採用した男の職員が就職して1か月も経過しないうちに風邪で高熱を出して休んだ。

　まだ満27歳だというのに先が思いやられる。専門学校の先生も推薦してくれていたのだが、どうも身が入らない。風邪が治ってからも食が細い。若いのだからもりもり食べるものだと考えていたが全然違う。社労士という自由業で専門職をやるには体力・気力・精神力がよほどしっかりしていなければならないのだがどうも弱いのだ。そんなに甘い世界ではないことにようやく気が付いてわかったかもしれない。

　次第に何につけても文句が出始める。仕方ない。しばらく様子を見て話をしようと考えていたところ本人から退職の申し出がある。

　まだ仕事もそれほど熟達していなくて本人は既に税理士の事務所に就職する予定にしているのだと言うのでいいではないかと思う。すぐに代わりの職員も見つかる。

　当時は現在と異なり社労士会を通じての応募者が常にありそのなかから選ぶことが出来たため就職希望者の選考はそれほど困ることはなかったのだ。

　それからもなかなかいい職員には巡り合えず、短期間での交代する状況が続いた。

　2,3年で退職、または解雇せざるを得ない者、業務についてゆけない者、家庭の状況に問題があり仕事に没頭出来ない女性などさまざまな問題点があった。

　知り合いの税理士から、或いは社労士が自分の子息をどうしても継がせたいので見習いとして教えこんでほしいなどと頼まれることもあった。

　しかし、いざやり始めるといろいろと障害が出てきてくる。

　［やはりこれはダメだ］と思うこともよくあった。

自分なりにどうしてなのか考えたときに［大学卒業者で社労士を目指す者］に限定してみたらどうだろうかと思い直した。そしてやはりできるだけ優秀な人材に特化することに決めた。平成7年の9月に事務所を開いてから既に5年の歳月が経過していた。

　このときまでに実に20名以上の人員の入れ替わりがあったのだ。人には苦労するとはよく顧問先からも聞いていたのが実際に自分でやるとその気持ちがよくわかる。

　あの初めて採用した男の職員はその後税理士の事務所で勤務していたのだが2年後の冬に急逝したと近隣の人から聞いてそうかやはりどこか体が悪いのではないかと心配していたが、30歳前に亡くなるとは気の毒な人物だと思った。

名古屋駅前のイルミネーション

幾星霜

後継者との出逢い

対象者を限定したことが功を奏した。今までの苦労はなんだったのだろうと思った。そうなのだ、平成 12 年にきわめて優秀な人材に巡り合えたのだ。

　その前にも社労士受験 3 回目に合格した人物が見習いで来ていたのだが彼が退職した直後に現れた。このときのことは今でも実に鮮明な思い出として刻まれている。

　県の社労士会からファクスで送られてきた履歴書を見て何か胸に響くものが綴られていたのだ。父が交通事故で入院して療養している。今まで勤務していた会社を退職して、今回の事故で健康保険の大切さを痛感したことが契機となり社労士を知ることとなる。自分の将来を社労士に賭ける並々ならぬ意欲が伝わってくるのだ。

　それからは面接する日まで 2 日間一日に何度もこの履歴書を見ていた。どんな人物か会うのが楽しみで楽しみで。こんな気持ちは初めてのこと。

　面接した。やや表情に暗いところがあるが、意思の強さは本物だ。目に威力がある。

　いままでの数多くの社労士を目指すといっていた者とは明らかに違う。よし、とにかく採用しよう。今後のことはそれからだと決めた。3 年前から勤務している女性の職員が心配して、「先生大丈夫ですか。また期待はずれになりませんように。」と声を掛けてくれる。いやとにかく自分で決めたのだから彼に賭けてみると返事をする。そうなのだ、自分も 50 歳を過ぎてはや 4 年。そろそろ跡継ぎを考えなければならない年齢にさしかかっているのだ。これまでもこの子はどうだろうかと思案することの繰り返し。ほかの社労士も自分の息子を継がせていてもなかなか思うようには事が進んでいっていない。ほかの士業の知人でも同様の悩みを聞くことが多いのが実情なのだ。人材に巡り合うことの難しさはことのほかよく理解しているのだ。

就職してしばらくは落ち着かない様子。どこか時折表情にも戸惑いが見られる。

口数も多くはない。少し心配ではあるが、体が極めて丈夫でバスケットが好きで仲間たちと練習しているのだという。体つきがとても頑健そのものなのもうなずける。

社労士の基礎知識は既に頭に叩き込まれていて、呑み込みの早いことこの上ない。

これはやれるぞと日ごとに確信を増してくる。そしてその成長にこちらも胸が躍るのだった。1か月で顧問先の巡回をすることに決めた。早いがそれほど呑み込みがいいのだ。いままでの仕事が旅行社の営業で人との対応はうまい。

しかし、なかなか気持ちの交流が出来ない日が続いた。或る日の夕方、彼が事務所に帰るなり突然言い出したのだ。

「この事務所は帰ってきてもお帰りなさいの言葉がない。毎日努力して働いているのに感謝がない。」というのだ。

［そうか、そうだったのか。］と初めて知った。そういえば、以前の事務所では何らそういうことはなくそれが当たり前のことだと思っていたのだが、それでは駄目なのだ。自分の育った環境も時代も既に変わっているのだから今の人の特に若者の気持ちを汲む努力をしなければいけないのだと認識を新たにした出来事だった。

彼は昭和47年生まれで自分が社労士の事務所に就職したときにはまだ生まれていない。時代の流れを改めて知る思いで、何か自分がいつの間にか時代からかけ離れていたのではないかと再認識して心から反省した。

「すまなかった。気持ちを理解していないことがよくわかった。言ってくれてありがとう。これからは何でも言ってくれ。変わらなければいけないところは直して行くから。」と目を見て謝った。それからの彼の変

化には驚きの毎日。こんなにも人は変わるのかと毎日が楽しくてしょうがない。顔からそれまでの暗い表情が見事に消えたのだ。

　こんなにも色の白い青年だったとは。そしていつも生き生きとしているではないか。

　自分の非を指摘してくれたことに感謝することと共に、人の尊厳を傷つける人間には絶対にならないようにしなければと改めて心に誓った。

　それからも時には双方の認識の相違からバッティングはあってもすぐに理解し合える関係が次第に構築されていった。今でもあの時の彼の言葉が無ければ自分の認識の甘さで社会の変化から取り残されていたのではないかと思うと感謝しないではいられない。この金田君との出会いが自分の人生を大きく変えることになるのだ。彼が27歳そして私が54歳のこと。

　変化は仕事のなかでも現れた。それまでの苦労が実に氷が溶けて行くと思われるほどに次々と懸念材料が解消されてゆく。社労士業界に入って28年目に巡り合えた待望の人材。神様の導きとも思えるほどの人物。とにかく体格・学力・理解力・性格など自分がかねて思い描いていた資質をすべて備えている。申し分ない。

　［やっと出会えたのだ。よし自分のすべてを注いで育て上げよう。それが自分のこの業界で人生を送ってきた者としての使命なのだ。］と決意する。

　そのときそばの女性職員は「また裏切られますよ。」と忠告するが意に介さない。

　いいのだ。それでだめならそれは自分の力不足なのだと思えばいいではないかと逆に自分の信念を強く打ち出したのだった。

　それからは共に互いの交流に心血を注いだ。そして次第にその成果が目に見える形で現れた。それまでどうしようかと思案していたことが彼

の意見を取り入れることで解決してゆくではないか。そうなんだ、なぜかわからないが自分の心のなかから懸念事項が氷解してゆくことになる。相性がいいのかもしれない。次第にそう思えるようになった。こんなにも今まで抱えていた問題の案件がいつの間にか解決の方向に動いていくのだからそう思わずにはいられなかった。

　彼は就職した年に社労士の受験を控えていた。仕事と勉強、それに父親の入院。

　よくやっている。これはとにかくフォローを十二分にしてやらなければと心を決める。金田君の置かれている状況も明らかになった。大変なのだ。お父さんが交通事故で被害者となって入院しており、それが既に1年以上。母親は20歳の時に病気で他界しており今は弟と2人で暮らしているのだ。弟も会社に勤務しており入院中の父を二人で見ているのだという。そのために今までの勤務先を退職して社労士を目指したのだと事情がわかつてくる。

　大変な状況で頑張っている。これは自分にできることは何でもやらなければならない。しかもお父さんとは同い年なのだ。自分がそんな被害にあうとどうしようもないぞと、つくづく今の業務を無事に遂行できることがどれほど幸せなことなのかとわかる。それからはとにかくやれることはすべてやることにした。毎日がとにかくまるで自分の子供のように思えることがしばしばで、子育てをしている気持ちになっていった。

　事務所に就職して2年目に彼の父親は帰らぬ人となった。

　通夜の席で思わず涙が溢れる。彼の祖母がそばに来て「孫のことをよろしくお願いします。」と懇願される。

「大丈夫ですよ。立派に育て上げます。」と涙をこらえながら誓った。

［自分には子供がいないのでこの子が実の子供と信じて育てよう。それが自分のこれからの役目なのだ。］と言い聞かせたのだ。

それからの彼の仕事の対する身の入れようは並外れていた。とにかく法改正や施行規則の改定・これからの業界の動向などはいつもこちらが話す前に既に頭に入っているのだ。もうなにもいうこともない。

　就職した年に社労士を受験したのだが、通学していたいわゆる資格の学校での直前の全国模擬テストで約3500名のなかで6番、しかももちろん愛知では1番だったと言うのでもう何も問題はない。

　その年に社労士が初めて試験会場を担当することになり私も試験の監督官の一人として参加したのだが、同じ会場の別のフロアで彼が受験していても全く心配はしていなかった。

　社労士に合格してすぐに年金アドバイザーとファイナンシャルプランナーの資格も取得したのだから、もうとても太刀打ちできないと内心本当にいい人材に巡り合えたものだと心底、不思議な出会いに感謝した。

　そしてまるでこの業界のことを教えていくことが定められているかのように思いもよらぬ仕事が次々と舞い込んできたのだ。

　おりしもバブルがはじけてあらゆる業界にリストラの嵐が舞い始めたころの事。

　ある顧問先の関連会社の破産整理を弁護士と共同で担当することになったり、社会保険の会計検査院の調査が入る事業所が出てきたり、実に長年社労士業界に籍を置く身でもそんな業務はないようなことが、しかも大口の顧問先なのだ。

　彼の将来が約束されているのではないかとも受け取れる出来事の連続であった。

　本当にまだ3年にもならないのに次々と出会えるのだからいい実体験なのだ。

　しかも共同で当たることにより、準備段階から結末に至るまですべてのことが身に付いていく。その後も知り合いの税理士・公認会計士・司

法書士から紹介があり面白いように新規の顧問先が出てくる。やはり今までさまざまな苦難を乗り越えてきたことで与えられるものがあるのだと強運の持ち主だと悟った。

［よし、十年で育て上げて自分は身を引こう。それでいい。丁度65歳のなるのだから。］と決心した。

人生はよくできている。この極めて優秀な人材に巡り合うことが出来てから弁護士の紹介で雇用していた女性職員との間に溝が出来始めた。彼女も業務には精励していてなかなか女性でこのような人はいないと半ば信頼を次第に厚くしていたのだが彼の就職後に後継者として育成することにやや不満が出ていたのかもしれない。しかし私の決心の強さがわかり、しばしば意見の衝突が見られることになったのだ。

3か月もしないうちに相互にかみ合わないことになり、退職に至る。その後に社労士会の求職者から選別した女性職員がまた今までにない秀才だった。とにかく人の心理を読み解くのがなんとも上手い。こちらから依頼した用件のことでもその後の展開を読んでほかの必要な書類まですぐに用意してくれる。なるほど世の中にはこれほどまでに能力に秀でた人物がいるものだと感心した。

残念なのは本人が主婦で当初からパートでの就労を希望していたために初めての妊娠で、その後出産をした際に子育てに専念するためやむなく退職したのだが今でも彼女の才媛ぶりは心に焼き付いている。その後良き家庭を御主人と共に築かれた様子を年賀状で知り幸せな人生であれと願うばかりであった。

その後、再度、県の社労士会から就職希望者のファックスを送ってもらい数名の中に女性で社労士資格のある人がいる。面接をしてまたまた優秀な人材だと直感した。

大手の企業を退職して猛勉強で一回目の受験で合格している。しかも

その期間が３か月に満たないのだ。［よし採用］と即断した。

　長年この業界にいてさまざまな人を見てきている。その数は3000人以上だと推定される。さまざまな人物・人生・いきざまなどのドラマをこの目で直に見てきている。いつの間にか自然に人物の把握が明確には捉えられないかも知れないがおおよその推測は出来るのだ。履歴書と少しの話を聞けばどのような考え方の持ち主かまた今までの育った環境や健康状態などもある程度把握する能力は社労士をして生きて来た者の財産なのかもしれない。

　彼女が面接後、採用するとの意向を聞いて突然事務所の様子を見せてもらいたいと自分で内部の状況を確認する。［面白いこんな人は初めてのこと。］とびっくり。

　しばらくして「わかりました。来週から来ます。」との返事。

　３人とも大卒。この彼女が入る２年ほど前に就職していた女性も事務所に入った年に社労士三回目の挑戦で合格していて、これでオール社労士の体制が完成。

　待っていたのだこのときを‼‼　少数精鋭のメンバーで事務所を運営する夢。

　それからはすべてに順調の一言に尽きる。さすがに有資格者ぞろいは事の進行が速い。こちらの負担が徐々に少なくなる。このままでゆけば予定の時期に自分は第二の人生をスタートできるとの確信を抱いた。［やっとここまできたのだ。］と何か心の底から肩の力が抜けるような思いがした。

　そういえば自分で事務所を開いた次の年の平成８年に少し気持ちにゆとりが出てきたのでどこかへ行くことを決めて［そうだ昔、修学旅行で訪れた奈良方面を旅してみよう。］と思いついて一泊２日で10ヵ所ほどの寺を訪れていた。

そのなかでももっとも印象深い《唐招提寺》と《法隆寺》に心を惹かれた。

　特に唐招提寺は寺を建立へと導いた愛弟子たちと、高僧［鑑真和上］の足跡に何か自分の今までの道のりに相通ずるものがあるのではないかとの思いでその場をなかなか立ち去りがたい気持ちになった。そうなんだ、鑑真和上も6度の渡航でようやく日本に着いてその思想を流布されたのだが、自分も何度も社労士への思いを実らせる機会がなく、6度目のテキストの購入の時にようやくそのチャンスを成就していたのだ、とのこれまでの人生を回顧することとなった。

事務所の後継者　金田君

唐招提寺の旅

幾星霜

平成8年3月のお水取りが終わった直後に数十年ぶりに奈良を訪れた。まだ寒さが残り二月堂の傍らで古老の男性が詳しく行事の内容を説明してくれて、何か荘厳な雰囲気が辺りに残る気持ちになった。古来より続くことにはとりわけその地の人々の関わり合いが脈絡と受け継がれている。[継続は力なり]のことわざそのものの具現、やはりなにごとであれ続けることが肝要であるとの思いを強くした。

　各寺院をめぐるなかでやはり唐招提寺は格別。入り口からして違うのだ。何か気持ちの安寧と壮大な佇まい。まさに全てを包み込んでくれるほど。

　正面からすぐに金堂が構えている。井上靖の「天平の甍」のあの光景が眼前に広がる。圧倒される思い。金堂の中には今まで見たこともにない三体の仏像が。

∞∞盧舎那仏・薬師如来・千手観音∞∞

　なかでも千手観音のまさに千手あるのではと思えるほどの在りよう。その手の掌の一つ一つには目を持つともいわれている。これほどまで幾多の世を経て継承されている現存の姿に、その場を立ち去りがたい雰囲気を醸し出している。どれほどの人の世の姿をご覧になられたのだろうか、と思わずお尋ねしたいほどのお姿。

　魅了された。境内をくまなく散策して、あの御影堂へと足を運ぶ。毎年鑑真和上の入滅された6月5日には普段は非公開のこのお堂に入れるのだ。

　渡り廊下を進むと和上の像の前に座すことが出来た。合掌してまじかに見入る。

　大勢の人々のなかでどうにか正面で拝謁する。なんとも言えない心。あの東山魁夷画伯が10年もの歳月をかけて完成させた障壁画が目の前にある。

なかでも［濤声］はその青がまさに躍動しているかのよう。古里の瀬戸内海の青を思い出す。後に知り得たことだがこの画伯の祖父が瀬戸内の出身だったのだ。

　今も瀬戸内海のそばに東山魁夷美術館があるのもなにか縁を感じないではいられない。人の世はどこか不思議の縁でつながっている。自分自身も今にして思えばそのことが実によく理解できるのだ。それは人として自分でなにかをいくばくなりとも成就したときにはじめてわかり得るものかもしれない。

　この平成８年以来、唐招提寺には毎年この６月の御影堂公開の時期に訪れることになる。その後で斑鳩の里の法隆寺を巡る。ここでは文句なく「百済観音」。

　明治時代まではその存在が忘れ去られていたのだが、大正時代以降に和辻哲郎の作品「古寺巡礼」で紹介されて一躍その名が知られるようになり、近年では外国の展示でそのみやびで流麗な端正が一躍有名になり法隆寺の境内の一角に「百済観音堂」が建てられているのだ。お堂の中で直ぐに初めて全体像をすぐそばで見られる。

　すごいの一語。なんという大きさの像。流線形の全体の立ち姿が上から下まで見事にガラスケースのなかに収められている。人の背丈よりもはるかに大きい。だれがどのような状況や意図で創作したことなどはまったく解明されていない。その不思議な経緯の謎も人の心を深く抉る。

　しばしその場所を離れがたい。多くの観光客や修学旅行生がすぐに通り過ぎるのだが何故か立ち去りがたい。ここでもこの仏像を毎年拝観したい気持ちになった。

　この年以来毎年６月には奈良に行く。そして2000年のこと。唐招提寺で金堂の平成の大修理が開始される。10年の歳月をかけて金堂を震災・風水害などの被害から守る工事なのだ。そのこと聞いて毎年拝観す

るたびにいくばくかの寄付をすることに決めた。この大工事が自分が拝観を開始して間もなくのことでもあり何か後世の人々のために少しでも役立ちことになればと思い付いたのだ。

　それからは毎年足を運ぶたびに、工事の進捗状況を垣間見ることが出来て、特別な気持ちがしていた。

　なかでも8年目の拝観に行ったときのことは今でも心に強く刻み込まれていて忘れられない思い出となっている。

　この時代にはJR東海の奈良行きの直通列車が朝9時前に一本あり、帰りにも奈良から名古屋行きの直通が午後5時前にあり約2時間ほどで到着していたためいつもこの列車を利用していた。その年も同様で名古屋から乗車する。雨が降りしきる中順調に進んでいたのだが、途中の三重県の亀山駅の手前で突然場内アナウンス。

「途中の駅で土砂の崩落があり線路が通行不能となりましたので、この列車は次の亀山で運行を停止し、名古屋への折り返し運転となります。奈良までのご乗車の方は別の列車に二度乗り換えをお願いします。」

との声。どうしようかと一瞬迷うがとにかく行くことなのだと乗り換えて予定より3時間ほど遅れてやっと奈良に到着。

　既に午後2時を回っている。急いで昼食をとり近鉄電車で奈良へ。午後3時前には唐招提寺へ。急いで拝観する。そのときちょうど鑑真和上の廟での参拝を終えて帰るときに大僧正の御姿が。その後には僧侶の方々。

　そうなのだ、偶然にもその廟へ詣でるところであったのだ。きょうは電車の途中の運行打ち切りで苦労してこの地の来たのはこの光景に対峙するためではなかったのか、と驚きと共に今まで一度もこのような時はなかっただけに特別な思いが込み上げる。いつもは実に順調に拝観していたことと対比して［人生にはやはり苦楽変遷がついて回るのだ。それがまた人を育てあげるのではないか］との感慨にも似た気持ちで帰路に

就いた。

〔　2009 年金堂の 11 月　　平成大修理落慶法要　〕

　落慶法要の招待を頂き 11 月 3 日に参加する。境内の華やかさ、そして招待客の人々が参集している。指定の椅子で待つうちにも報道陣の姿が数多い。

　ＴＢＳのテレビ中継も用意されていてアナウンサーやキャスターの顔もある。

　日本を代表する華道家の献花・日舞の披露そして裏千家の宗家の献茶が始まる。

　大学在学中に学生課に勤務する女性の師範の方を親戚の方からの紹介で知り 3 年ほど裏千家流派の茶道を教えていただいたことを思い出すが、宗家の千宗室さまの姿とその手さばきを拝見する機会は初めてであり特に感激したのだ。

　続いて飛鳥時代の装束で天平の舞が次々と披露され、なにか時代絵巻を見ている気分に浸る。まさしく大法要なのだ。これは二度と見られないこと。一生の記念になることは間違いない。やはり 10 年以上寄付の形で奉納させていただいたことの現れ。自分の志がどこかで通じているのではないかとも思われる一日であった。

身体の異変と世代交代

幾星霜

唐招提寺と法隆寺への日帰りの旅を続けること13年。自分にも転機が訪れる。

　この道で自分の人生を築いてきて早くも60歳を過ぎる年齢に達している。早い、実に早い。60になると本当に一年が速いよとはよく聞かされていたのだが自分がその対象になってみるとなるほどと痛感させられるのだ。毎年の業務をなんとか遂行しているうちに民間の事業所ならば定年になる年を迎えていた。

　自由業とはいえ、やはり周囲の人間関係もいつの間にか代替わりをしていることを目の当たりにすることが次第に増えてゆく。無我夢中で過ごしてきた日々が思い出される。

　紆余曲折が常にあり、その対応に追われる日々がなんと多かったことか。社労士という職業はまさに人びとの人生の変遷・企業の栄枯盛衰を見るものなのだ。

　どれほどの人との関わり合いを持って生きてきたことだろうか。思い出すだけでも社葬で見送らせて頂いた人も160人以上になる。

　昭和40年代にはまだ繊維産業と菓子製造業が主体であったが、次第に自動車産業が盛んになり、そのすそ野の広さから日本の主要産業に成長していく。高度成長期の花形産業の主役の家電業界とともに時代をリードする寵児となるのだ。

　そしてバブルの時代はまさに不動産と金融ビジネス。日本がまるで獲物にとりつかれたかのように土地の転売・かさ上げ・不動産バブルの明け暮れだった。

　長期信用銀行や高い利率の商品の金融機関の店舗の路上にまで人の波が幾重にも続いていた時期もあり、まさに人が踊り狂うような有様であったのだ。

　ここには何が建っていたのか、ほんの1, 2年の間に町中の風景が一

変していたことを今更のように記憶している。そうした時代に翻弄されていつの間にか商売が立ち行かなくなり、企業倒産・自己破産の嵐となり、時代の波に翻弄され姿を消した人びと。その会社で就労していた人はなぜかその後、二度と姿を見かけることはないのが今にしてとても不思議に思えるのである。あれからどうしているのだろう、何の職業についているのだろうかと時として思い出してみてもわからないのだ。

　その人数だけでも2000人以上になるのではないかと思う。時折事務所に訪ねてくる人もなかにはいるが、その変貌ぶりに愕然とする思いばかり。人の世のはかなさや虚しさが込み上げてくる。このようにして人の世は移り時代が形成されてゆくのかと魔訶不思議な気持ちにさいなまれることもあった。

　そうなのだ、社労士を続けているうちに自然に世の中の移り変わりを肌で感じ、衰退する職業とこれから伸びていく業界がなんとなくわかる気がしていた。それはやはり長年の経験の積み重ねから生み出されてゆくものかも知れない。

　日本の戦後復興から高度成長、バブル、その崩壊の時代の流れを追随することになっているとも考えられる。実にさまざまな変遷を辿り、その中で人生を刻んだものなのだ。

　満64歳の時の自分の体に異変が立て続けに起こった。

　平成20年の1月のこと。いつものように事業所の給与計算をパソコンで入力をしていた夕方にどうもいつもとは体の調子が違うと思いつつ作業をしていたところ、突然、激しい腹痛に襲われた。なんだろう、なにも悪い物は食べていない。

　また夕方でおなかもすいているのになになんだと思う間もなく激痛でその場から離れて来客用のソファーの前のテーブルに倒れこんだ。［こんな激痛は今まで経験したことがない。］と仰向けになるが収まるどこ

ろかますます激しくなる。

　体から大量に冷や汗が。みるみるうちにテーブルが汗で濡れ、着ているもの全部がぐっしょりとなる始末。

　心配して金田君が「医者に行きましょう。」と声を掛けてくれる。「ありがとう。少し様子をみてからにするよ。」と返事。

　金田君が自分の車に積んでいた毛布を掛けてくれる。何か自然に涙が溢れる。

　事務所の救急箱から胃の薬を出して飲んでみた。少し楽になる。そしてしばらくしてなんとか車を運転できそうなのでこのまま自宅に帰ることにする。事務所は任せられるので安心して帰宅。その晩はそのまま休む。翌日は体調も回復して平常通りに仕事をこなしたのだが、このとき［何が原因なのかはわからないがやはり体力の衰えなのか］と考えさせられた。そうなんだ、40年以上もの年月を必死でやってきたのだから、当然ガタが来て当たり前なのだ。

　引き際が近いのだと悟ることになる初めての体調の変化であった。

　それから３か月後のこと。顧問先の巡回を終えて事務所に帰る途中で再び激しい腹痛がまた起こる。それも名古屋市と隣接する町を結ぶ幹線道路の橋のたもと。

　その橋を超えないと他の車が通行出来なくなる恐れがある。

　どうしよう??　瞬く間にスーツの背中や腰そして足回りまで冷や汗でグッショリ。

　しかし、どうにかして車を走行させて橋を越えて道路に出た。そのまま自分のマンションまで痛みをこらえながら運転する。マンションの駐車場で車から降りるときになんという大量の汗。地面に滴り落ちる。エレベータで自分の部屋の７階に辿り着くことが精一杯。ソファーに倒れこんだ。しばらくは身動きが出来ない。汗と涙で惨めなこと極まりない。

倒れることなどできないのだ。何とかしなければともがく。

　しばらくして胃の薬で何とか起き上がれるまでになった。

　更年期障害かストレスなのか、はたまた何らかの病気なのかと心配でたまらない。それでも２時間ほどで回復した。しかし二度もこのような体の変調を経験した事でもうこれ以上は続けられない、自分の限界だと心に決めた。

　今まで春先の花粉症には悩まされてきたが、それも平成８年に受診した内科の医師の指導で漢方薬を処方してもらい、その薬が劇的に自分に合っていて数年で長年のこの花粉症との闘いは克服出来ていた。それ以外にはこれといった疾病もなく風邪やインフルエンザなども罹らないで健康面ではいい状態を維持していただけに今回の異変は自分の限界を痛感させられることとなった。

　　二度の変調のあと、事務所で金田君に話す。

「65歳で引退することに決めた。後を頼む。事務所を継ぐにはいろいろとやるべきことがあるが自分に出来ることはすべてやるので安心してくれ。自分が独立したときの苦労は絶対に味わって欲しくない。1月生まれでその時から交代しよう。」と話す。そして彼の希望も事前に聴取して進めることになった。

　顧問先でも数多くの継承の事例を見聞きしていたので、その過程での軋轢・相互不信・意見の対立などは回避してできるだけ理想の形での引き継ぎをしたいとの思いが常に気持ちの中にあり、ひいてはそれがこれから事業継承をする人への伝令ともなればいいのではないかとの願いも込められていたのだ。

　その自分の決意をまるで後押しするようなある事業所から依頼があった。

　その社長と同年齢。子息も勤務している会社の業績が芳しくないので長野と静岡の支店を閉鎖するために力を貸してほしいとのこと。事業所

閉鎖の手順の一環として社長や幹部と同行して閉鎖に伴う諸手続や内容の開示と方法などを従業員に説明することで同行することになる。他府県まで同行するのは極めて珍しいので金田君も同行して経験を積んでみてはと考慮して長野と静岡の支店へ出向くことになる。今までもリストラや事業所閉鎖の整理解雇に伴う諸手続き・内容の説明などは何度も経験していたので何とか完了した。

　長野の支店での説明会の帰途に立ち寄った食事処でのこと。同行していた役員の二人から話の途中で思いもしない話題が突然出た。
「この近くであの飛騨川バスの転落事故があったのは40年ほど前になるのか。」と二人を話し始めた。年齢が自分とそれほど変わらないので急に思い出されたのかもしれないが、あまりにも偶然にバス事故の話題が出てしかも自分にとってはこの社労士を目指すときに起きた忘れられない事故だけにびっくりする。
［そうか。社労士として終盤を迎える気持ちを後押しする時期をこのような形で教えてくれているのではないか。やはり人には人生の転機が訪れるのだ。偶然に仕事で知り合った人からの言葉でも自分にはからずも教えてくれているのだ。今がその時期なのだ。］
と認識してなにか自分に敷かれている道が見える思いがした。
　名古屋駅で別れた社長もあの長野の飯田の地主のご子息でリンゴ狩りにいつも訪れた場所。偶然とはいえ、人生の歩みを垣間見る思いがしてならなかった。

〔　世代交代に際して計画・実行した事柄　〕
1　事業の継承で有りがちなのは世代の認識のズレから起こる意見の
　　対立が多いので引き継ぐ者の意見を優先すること
2　まだ使用できるものであっても時代に合う物にしなければ長く使

用してもらえないので出来るだけ新しい物に変えること

3　顧問先・同業者の社労士・関連士業の方々への挨拶状の送付と主な顧問先への挨拶は記念品を持参しておこなうこと

4　事務所指定の金融機関の口座開設と支店長への紹介

5　日柄を見ていい日を選んでことを進める

6　大家さんと駐車場の所有者への紹介

7　すべてのことを継承の日までに完了すること

まず事務所の改造からスタートした。

　顧問先の会社で改装工事を引き受けてくれるところがある。内装・改築・ビルメンテナンスなどを請け負う会社で先代の社長の時代からの付き合いがあり、今は二人の子息がそれぞれで会社を経営しているのだ。やはり時代の流れを感じないではいられない。最初に先代の社長と面談したときにはまだ青年のやんちゃな二人が今やそれぞれに子供がいてその子たちがすでに20歳台になっているのだ。しかし若いときの面影は残っていて性格の違いもそのままなのだが、人生を歩んだ月日が顔に刻まれている。

　特に弟さんとは10年ほど交流が途絶えていただけに懐かしさでなんとも言えない気持ちになる。こちらのほうがグループ会社組織にしていてメンバーも多彩。いろいろと昔の思い出を語りながら要望を聞いてもらい改装に5月から着手した。双方の仕事の関係もあり3回ほどに時期を分けて行う。それでも秋口には完了した。

　当初、工事を依頼した際には「先生、本当に改装するんですか？　まだ十分使えますよ、それほど汚れていないのにいいんですか？」といささか不思議がられたものだ。

「自分の子供でもこんなにはしてやらないですよ。すごいですね。」と改装が終わった時には感心された。

そうなんだ、世間では事業を継承するときになにも手立てをしない、自分の力ですべてをまかなわせるとか、親は何もしてくれないなどといろいろなやり方をいままでに見てきている。どのようにするのがベストの選択なのかはわからない。事業の経緯、方針、過去の手法など、まさにさまざまであり、こればかりはいつの時代においても議論や見方が分かれると考えられるのだが、一つの道として自分で方向性を決めたのだから進んでゆくことに迷いはないのだ。

　最後にフロアのカーペットの色では金田君の選んだ赤色から皆の意見を集約して青に変更してもらう。これから伸びてゆく青年のイメージですがすがしさを強調しておきたいとの思いを込めた。出来上がりを見た。
［いい、実にいい。大海原の群青色にも似ている。まさに青年の姿ではないか。］

　このとき金田君は36歳。そうなんだ33歳では少し早いと思いこの歳まで自分がなんとか頑張ってやってきたのだ。待った甲斐があったと内心、安堵する。

　次は事務所の内部の調度品や机などで古いものはすべて新品にする。自分が事務所を開設したときに顧問先から頂いた絵画・置物などはすべてそのまま贈ることにする。

　これで揃った。そして挨拶状の送付。主な顧問先を金田君と一緒に訪問して記念品として手首に装着するタイプの血圧計を届ける。メインの金融機関の支店長の挨拶に行った際には早速、新しい顧客の紹介があり幸先いいスタートとなった。

　自分と比較して温厚な性格なので受けがいいのは明らかである。辛抱強くしかもよく考えて発言をする性質なので失言や放言はないのだ。安心して委ねることが出来る。今までいろいろな人生経験を経てきているので人の考え方も素早く理解してうまく対応する能力が備わっているの

だ。

「金田さんなら安心ですね。」とよく言われて何か複雑な気持ちになった。

　この委譲の前に以前から既に4年目になるすこぶる評判のいい女性職員がこの年の前に結婚して妊娠していることがわかり育児休業に入っていたのだが、今にして思えばこの二人の職員と共に過ごした3年の歳月は自分の社労士生活のなかで最高のときであったと言えるのだ。とにかく何事も実にスムースに進行して毎日がとにかく至福の日々であったのだ。長年苦労した甲斐があった。この幸せが本当なのかと自問自答するほどの幸せな歳月であったと今でも心底感謝をしている。

　回顧してみれば、以前の事務所の時代には

昭和61年12月16日	事務所の最初の独立者が58歳で急逝
平成元年3月25日	事務所の職員が50歳で病死
平成元年7月1日	所長が77歳で溺死
平成3年11月10日	所長の奥様が66歳で変死
平成4年8月2日	事務所から独立開業者が50歳で病死

と若くして逝去した社労士や職員がいることがよく解る。自分の開設した事務所のすぐ近くに愛知県社労士会では著名な岩田先生の事務所があり、先生とは自分が若いときから親交があった。事務所の開設の際にもお祝いを頂いた。数年後に先生から

「さすがですね。あの事務所から独立して開業して継続した方はいないですよ。60名以上も職員が入れ替わられているのに、あなただけです。」

との言葉を頂く。先生は全国社労士会副会長、愛知県会会長も歴任されていて皇居での園遊会も二度招待された方。

　自分の周辺でも社労士業を長期に継続出来ていない人も多くあった。

　やはり、自由業でいつまでも出来る仕事ではあるが、20年、30年と続けることがいかに困難であるかがわかるのだ。

事務所の極めて優秀な女性職員が産休に入るまえには顧問先の方々からいつ復帰するのかと問いかけられることが多数あり、最後の日にはわざわざお別れの挨拶に訪問される事業所の人まであったのだ。自分自身も涙をこらえることが出来なくてたまらないほどの心情であった。

　子供さんに恵まれて家庭に入る結果になったのだが、これほどまでに秀でた女性にはその後も逢うことはなかった。恵まれた家庭環境で育ち才覚も兼ね備えていたのはやはり［できる人は違うのだ］との言葉そのままであった。

　平成21年1月に事務所を無事に継承することが出来た。そしてやはりその時期に合わせるかのように父が病に侵されていることがわかる。既に100歳を超えている。

　前立腺がんで手術は高齢で出来ないので投薬で様子を見ることに。それからは毎年父の様子を見に帰郷した。それまで本当に親不孝であったと自省する。仕事に埋没して気にすることは殆どなく［もともと元気なのだから］［姉妹が近くにいるのだから］と考慮することのない暮らし向きであった。

　父からも連絡がないのはいいのだと信じこんでいたきらいはある。今にして思えばもっと頻繁に帰郷して何かと面倒をみたり互いに気持ちを吐露することが必要であったのではないかと自己批判しても後の祭り。前立腺がんから3年目に肺に転移が見つかる。平成22年の6月に帰省したときには既に気力が衰えていて［もう長くはないな］と思う。しかし満103歳の誕生日の11月までは生きていてい欲しいと願いながら故郷を後にした。

　平成23年1月19日に連絡が入る。時間の問題だと。しかし、その日は事業所の健康保険の総合調査があるので、それを終わるのが夕方な

のだ。帰れないと返事。

　妹からは「最後なんだから。」と何度も言われる。「前の年の6月に全部話をしたのでいいんだ。」と返す。辛いが仕方ない。そうなんだ、あの時にそれほど会話は弾まなかったが互いに気持ちは通じていたのだと理解している。故郷を出るときに父母の最後には会えないと覚悟をして出てきているのだ。後悔はないとは決して言えないがこれでいいんだと自分に言い聞かせる。夜7時50分過ぎに亡くなったと電話。そうか、やはり、と帰っても最後には立ち会えなかったのだ。仕方ない。

　翌日の新幹線に乗車するときのこと。いつもはそれほど混雑しないグリーン車が何故かなかなか降車する人が多くて中に入れない。既に他の車両は乗車が済んでいるのになぜだとややいら立つ気持ちになりかけた時に当時の民主党の政権下で国土交通大臣の馬淵晴夫議員が降りてくる。随行者と思われる人も数人。そうかと納得するが、こんなことは初めてで不思議な気がした。

　夕方、父の遺体と対面。実に安らかな顔をしている。まるで眠り続けているかのように。満103歳の大往生なのだ。常に前向きに生きて最後まで自分の事は自分で決める人生であったのだろうと感心する。自分の誕生日の11月15日を過ぎて次の年になっているので享年105歳。男でこれほど長生きの人は今までの自分のは記憶にない。おそらくこれからもこれほどの長寿の男性は多くはないのではないかと誇りに思える。

　姉妹からいろいろな話を聞くことが出来た。

◎　最初に前立腺がんで検査入院した時の事。一週間目の日に父は主
　　治医に「もうこんなうっとうしいところからすぐ出してくれ。」
　　と迫り直ちに退院したこと
◎　満100歳を超えても自分で自転車で買い物に出かけていたこと

◎　認知症予防のために妹に頼んで少し株を購入して毎日朝刊の株式欄の数字を確認するのが日課であったこと

◎　今回の肺に癌が転移していてもまだ生きることへの執念で３か月先のリハビリの予約までしていたこと

◎　亡くなる前日までお金の計算はすべて自分でしていたこと、入院の費用の支払いまで自分の子供である姉に頼んでいたこと

　こうした逸話を聞いて感心しないではいられないと共に自分がこの父の息子であることを改めて誇りに思うことが出来たのだ。

　本当にありがとう。息子のわがままを何一つ口に出さずいつも心優しく見守っていてくれたことには返す言葉が見当たらない。常に心に留めていてくれたことは親族や近所の人たちの話からも伝わってくる。忘れることはなくても、もっと親孝行が出来たのではないかと悔やんでみても、もう何も話せないのだ。

　通夜・葬儀を終えて遺骨の骨壺を胸に抱えるときにそれまで我慢していた嗚咽がこみあげてくる。ダメだ、人前では気丈にしていなければと言い聞かせて必死でこらえた。

　自宅で思いきり泣いた。

　［ごめん、そばにいてあげられなくて。もう少しでも生きていて欲しかった。これから事務所を任せたので一緒に居られたのに。］とこみあげるがどうしようもない。

　人生はこんなものなのだと自問自答した。改めて父と自分の人生を回顧することになった。

父母との人生をふりかえる

幾星霜

祖父は明治 30 年に愛媛県から単身でこの岡山県児島郡の東野崎の地に来て苦難の末に財産を残した。明治生まれの人は誰しも日本の文明の創成期で苦節と努力で人生を開拓したのだとよく言われている。まさにその一人。この岡山県の当時、児島郡東野崎の地には塩田開発で後に山陽道の一大資産家となった野崎武左衛門が天保 12 年に塩田の事業に着手し、その孫の野崎武吉郎が明治 23 年に貴族院議員となり製塩事業を継承したのだが、その途上には台風の襲来に遭遇し壊滅的被害を受けながら再建した有数の塩の生産拠点がある。名古屋ドームが 10 個以上入る土地。

　塩業の研究所であったが昭和 21 年内海塩業株式会社に改編し、昭和 49 年に現在の［ナイカイ塩業株式会社］に社名変更している。

　父も内海塩業に勤務していたことがあり、私も小学生の頃に入浜式の塩田の労働を少し手伝った記憶が残っている。炎天下で砂をまいたり、その砂が塩水で濃くなると回収する作業は子供心にも重労働の極みではないかと思ったのだ。

　塩の生産の製法も［入浜式］から〔流下式〕そして現在の［イオン交換膜法海水濃縮　設備の稼働］と変化を遂げたのだが、その過程はすべて自分の成長と共にリンクしている。父はその後日本通運に転職するのだが、ここで労働争議に巻き込まれて当時の事業所が閉鎖対象となるのだ。そのとき在籍していた 13 名ほどの社員のなかで父だけが厚生年金の脱退手当金の支給をしない意思を提示してそれが後の厚生年金受給に繋がることになり、いわばこのことが今にして思えば自分の社労士の原点ともいえることになっている。

　その後父は建設会社の移り、そこで労災事故に遭う。作業中に指の先端を負傷する。

　そして労災保険の障害等級のことを実例として学んだのだ。父の指の

ケガで一時金の支給を受ける姿を見ている。それから父は私が高校3年の時に長年の過労がたたり結核を患う。無理もない。昭和16年頃には戦争のために父の兄と共に祖父が資産を工面して自前で建造した船で外地に渡り戦争の時代を生き抜いてきた後に製塩、運輸そして建設と仕事を様々に体験して一家を養うことに懸命に働いてきたのだから病気にならないほうがおかしいくらいなのだ。よくここまで頑張ってくれたと感謝しなければならない。そして自分は大学受験を控えている。しかし、母と姉が心配しないで勉強に集中すればいい、皆で頑張るので大丈夫だと励ましてくれる。とにかく父との約束を果たして、地元の国立大学である岡山大学に現役で合格し、学費は日本育英会の奨学金と自分のアルバイトで賄い、家は一切負担しない条件をすべてクリアしてやらなければならないのだ。一度、入院先の療養所を訪ねたが元気な様子に安心した。そして半年後には退院してしばらく自宅療養をしていたが，再び働き始めたのだ。自分も約束を果たした。

　自分が大学卒業後に故郷を離れるときにもそれほどの感情は見せないでいた。いつも静かに見守ってくれたことが自分の自立の役に立っている。

　社労士を目指して再就職したときにも親には迷惑はかけずこのときにも、ある程度目途が付いてから報告したのだ。その後も3,4年に一度くらいで帰省したときもいつも笑顔で迎えてくれた。瀬戸内の煮魚が実に美味で父の手料理ともいえるその味は幼少期より今に至るまで、それ以上のおいしさを味わったことはない。

　自分が事務所を開設したときに、事務所の前の植栽に岡山からナンテンの木を二本持ってきて植えてくれた。それが今は見事な枝ぶりとなり、事務所の前のシンボルツリーとして成長している。トヨタ発祥の地から名古屋駅へと続く路上のそばに在るのは実に誇らしい気がするのだ。

　自分が社労士の事務所を譲った年に病に倒れたのも［充分頑張ったの

でいいぞ〕と父が教えてくれたのではないかとさえ思えるのだ。

　平成23年1月19日に亡くなり49日の法要を終えて名古屋のマンションに帰ったのが3月10日。3月14日に名古屋の自分が用意していた納骨堂で分骨を収めることになっていた。その直前の3月11日に東日本大震災が起こる。

　地震発生時には自室にいた。曇り空の肌寒い日。急にすごい地震。部屋が揺れる‼‼揺れる‼‼

　食事用のテーブルの上1mほどにある照明器具のランプが左右に大きく揺れておさまらない。急いでテレビを付ける。
「緊急地震速報です‼‼　緊急地震速報です‼‼」のアナウンスと画面の異常な光景に息が止まりそうになる。テーブルの下にもぐりこむ。少し揺れが収まる。椅子に座るやいなやまたも「緊急地震速報です‼‼」の声。またもぐりこむ。三度、このような状態を繰り返す。ようやく収まる。しかしテレビの画面にクギズケ。なんだこれは？？　？？　わけがわからない。15分ほど経過する。余りにも大きな地震なのだと初めて事の重大さを理解してきた。このままではいられない。そうなのだ。物がなくなるのだ。急いで買い置きできる物を手に入れなければと車を走らせる。

　既に近くのコンビニ・ドラッグストアには長蛇の列。入り口にいつもあるトイレットペーパーがない。ドラッグストアに入る。棚から物が消えている。すごい。そして早い。驚いている暇はない。要るもので手に入る物を探してレジへ。いつもミネラルウオーターは通販で日田天領水を20リットル確保しているのでまだ安心できる。後は食料だ。在庫はあるのでしばらくは大丈夫だ。洗剤・マスクなど少しばかり買う。それにしても人々の行動力の素早いこと。やはり都市で暮らしている人はフットワークが違うのだと感心した。

知り合いの洋服をいつも注文している店に立ち寄りどのような状況なのか訊ねてみる。

　こんなことはやはり初めてなので戸惑っている感じで少し安心した。しかし、テレビの報道には福島原発の様子がおかしいのでこの東海地方でも無傷でいられるのかわからないのだ。東北と関東には放射能の影響があるのだ。翌日の朝刊は唖然とするしかないほどの大見出し。

　これは日本はどうなるのか。［もしこのままだと日本はおしまいだ。］という人もいる。

　その翌日もこのニュースのみ。テレビでは連日津波で家族を亡くした人々の嗚咽や叫び声。同じ年齢で本人以外はすべて亡くなり、家まで流された人の男泣きの姿に涙が溢れる。三陸津波は明治時代にもマグニチュード8の地震で二万人以上の犠牲者がでているのだ。やはり歴史は繰り返される。

　4日目にして少し落ち着いてきた。しかしこの東海地方でも東海地震の起こる確率は極めて高いと数年前から何度も報道がされている。

　今回の地震の後でも一週間に5回以上も揺れている。その後も何度も地震を体験する。しかも横揺れだけでなく直下型の揺れも。このときにはすごい音がした。何の工事をしているのかと思うほどのガガー？？ガガー？？　と体を震わすほどの音。

　テレビのニューススタジオも揺れていてキャスターの女性の顔がひきつって見えるほど。

　あの阪神大震災の時は少し横に揺れる程度だったのでそれほどの恐怖は感じなかったが今回の東日本大震災はすごいの一言。

　後に聞くところによると高速道路を通行していた人は路面が波打っていてハンドル操作が出来ないほどであったと話していた。誰もが大変な事態を経験している。

2000年9月11日から12日の東海豪雨を体験しているので自然災害の怖さは身に染みてわかるのだ。

　2013年3月11日の東日本大震災とこれで二回も災害を体験する。

　3月14日に父と母の分骨を名古屋の霊園に納めた。この場所はビルすべてが霊園の施設で5000体も収容しているとか。さすが大都会。しかも名古屋の一等地の覚王山に在るのだ。

　購入申込のときにその施設の職員から3階の方角がいいと言われて決めたのだった。朝7時から夜10時まで年中無休でいつでも参拝出来る。風雨の心配もなく震度7の地震にも耐えられるので地方の墓地から移している人も多くいる。これからはこういう施設が好まれるのではないかと思った。

　分骨を納めていただく前の法要も立派な場所で感激した。自分もこのなかに入ればいいとそのときには思っていた。

　自宅に帰る車の中では［やり終えた。これで父と母も安心してくれる。］と考えていたのだが、何か落ち着かないのだ。その後もなぜかしっくりとしない。よくよく考えてみる。何か父が問いかけているかのように思えるのだ。

［　　地震・津波・原発の被害から我が身を守れ　　　］

　と言われているのではないか。

　3月14日の納骨の直前での大災害の勃発。

　二度目までは生きられた。しかし三度目は危ないのではと思う。2000年に一度目、二度目が2013年。およそ10年に一度の割合で大きな災害に遭遇している。これまでは何とか自分の力と気力で切り抜けたがこの次は高齢者なのだ。自力だけでは困難に陥ることも想定していなければならないのではないかと思うと、やや自信がなくなる。考えた。

［　地震・津波・原発の無いところは　　］と。地図に現れたのはなんと

自分の古里。原発も島根と愛媛にはあるが離れている。この東海地方に
はすぐ近くにある。

　福井県には、美浜・敦賀・大飯・高浜が、石川県には志賀原発が、そ
して隣の静岡県には浜岡原発が稼働している。今、津波の被害防止で防
潮堤のかさ上げをしている。

　福井県には高速増殖炉のもんじゅまであるのだ。県知事や市長の発言
でも、もしもの事になればその被害は想像を絶するものであると伝えら
れている。

　これは危ない。真剣に考え直さなければならない。

　当初、自分の生まれた場所に平屋の住居を新築して新幹線でときどき
帰ることを考えていた。父の住んでいた住居は既に70年以上になり新
築することが必要であったのだ。折しも玉野市の下水道工事が施行され
ていて、上下水道完備となれば安心して住むことが出来る。うまい具合
にこの年の平成23年に下水道工事が開始となり翌年の3月には共用開
始となるのだからちょうどいいのだ。やはりそうなのだ。父が呼び寄せ
ているのだと感じた。しかし今までの自分の社会人としての大半の人生
を過ごしてきた名古屋の地を離れがたいのも事実なのだ。

　地元の玉野市の住宅販売業者を探す。幾つかの候補の会社から著名な
業者を選んで電話を掛ける。最初に岡山の業者に電話。著名なメーカー
なのに電話口の話が今一つしっくり来ない。そのメーカーの玉野の営業
所に掛けてみた。

　電話口の明るい声。いかにも若者らしい応対に話が弾む。上司と一度
名古屋に来るというので「君だけでいいよ。」と返す。4月初めに来る
ことになった。

　4月8日の午前11時着の新幹線で来てくれた。事前に届いていた写
真とは違う印象。

若い、そして爽やかだ。マンションでまず自己紹介。そして一緒に食事に誘う。

　行きつけの回転寿司。回転しているネタでなく上物のトロ・大海老・アナゴ巻きなどを頼む。ここでハプニング。手を付けようとしないのだ。
「どうした？　おいしいよ‼」
と促す。少し間をおいて
「すみません。少し前から風邪をひいていてのどの痛みがあるので。」
「扁桃腺が腫れていて呑み込めないんです。」
と言葉を詰まらせている。

　これは大変。すぐに軽い茶碗蒸しと味噌汁を頼む。どうにか食べてくれた。

　急いでマンションに帰り、容態を詳しく聞く。診療してくれている医師から［扁桃腺を切らなければならないかも］と言われているのだ。
「後で資料を見ておくから大事にして‼　早めに帰って体を休めたら。」
とねぎらう。

　そして救急箱にあったトローチを渡して
「これを舌で少しずつ溶かすようにして」
と保管していたものの全部を渡す。御礼をいうのも辛そう。新幹線入り口まで送る。

　初対面でこんなことがあるのは初めてのこと。なんだろう、と不思議な気持ちになる。

　一週間して電話がある。
「どうもありがとうございました。あれから新幹線の中でトローチをなめていたら随分よくなりました。もう大丈夫です。」
と元気な声。安心した。面白い、何か縁があるのかなと感じる。

　そして「今度はこちらから出向くので。」と話した。

［いろいろと考えて、思い切って岡山に帰ることにしたので平屋ではなく二階建てににする］旨の話をした。

「わかりました。こちらに来られるまでにいいプランをまとめておきます。」

との返事。

［そうなのだ。帰ろう。50年ぶりに故郷に帰るのだ。］

と一大決心をした。あの二度の災害の教訓。そして父の言葉が頭から離れないのだ。

「この家をどうするんなら??」といっていたのだ。今はもうその言葉は聞くことが出来ないがいつも帰省の度に聞いていたのだ。名古屋に分骨する意向も父の生前に話していたのだが、内心ではやはり帰ってきて欲しい気持ちになっていたのだと今にして何も言わない父の本心を推し量りやるせない気持ちになる。

6月になり帰省してミサワホーム玉野営業所へ行くことになった。岡山駅から久しぶりに宇野線に乗る。大学1年目だけは自宅から通学していたJR。当時はまだ蒸気機関車で煙を吐き出していた。そして岡山から乗り換えて法界院行きだったと記憶しているが、その列車の最後尾には確か馬を載せて運んでいた記憶があるのだ。実にのどかな時代。いまと比べようもない。

宇野線もすっかり様変わりしている。殊に沿線の風景と駅舎がまるで違うのだ。

50年の歳月の流れを感じないではいられない。大元の駅が高架になり、すっかり様変わりしている。岡山駅の近くの光景は大都会のそれと同じ。ビル・マンション・コンビニ・スーパー・ドラッグストアそして道路に至るまでどうしてこうも同じような街並みなのかといつも思う。その地の特色を生かした作りにはなっていない。もう少しそれぞれの地域の面

白さを打ち出せば、もっと印象深い地域に生まれ変わることになり、その地の発展につながるのではないかとも思うのだが、やはり人知の生み出すことには様々な制約や地域住民との調和もあり行政としては介入することに限界があるのだろうと思う。

宇野駅では彼が改札口に来ていた。再会の笑顔が実にいい。もうすっかり元気な様子。

それでもこれからまた何かあるといけないと考えて土産に［トローチ・胃薬・ビタミン剤・歯ブラシ・うがい薬］を袋に一杯詰めて差し出す。驚いている。そして満面の笑み。

何か自分の若い頃を思い浮かべていた。営業所の社員とも挨拶。所長は名古屋商科大学卒とのこと。やはりなにかある。プランをみてなるほどとうなずく。さすがに若くて優秀な人物は違うのだ。次回に詳細な詰めの打ち合わせをすることになった。この担当の社員にはどうして気持ちが入るのか自分ではわからないのだがなにかこちらの意図している事をすべて心得ている様子。

その後、地元の金融機関で口座を開設した。さすがに中国銀行だけは優秀な行員。

女性の行員の応対がいい。実に要領を得ている。他の３か所の口座開設の時とは違いがわかる。

キャッシュカードを作るときに一瞬どうしようかとしたとき［なぜ作らないのか］と目で合図をしたのだ。さすが。すぐにＯＫの返事。にこりとする手慣れたもの。

お見事と心でいう。これでこの地に口座を変更できる。一周忌が終わるまでは工事に着手することが出来ないので、それまではミサワホームの若い担当者と連携を密にして着実に計画を進めることに尽きるのだ。

当初の平屋から二階建てに変更したことにより、設計図は最初からや

り直しをお願いすることになった。そして数種類のパターンモデルから選んで決めた。

　やはり今までのマンションを購入するときとは異なり慎重にならざるを得ないのだ。

　28歳で名古屋駅の近くの2DKのマンションを購入して、52歳でそのマンションを売却して4LDKの広いマンションに移り、マンション暮らしにはある程度慣れていたが一戸建ての住宅となれば永住することになり、慎重にならざるを得ないのだ。

　出来上がった図面を見て殆どは納得した。ただ玄関の向きが西にあるのは少し抵抗がある。西側は道路に面していてプライバシーが守れない気がした。西向きをもう一度だけ設計変更を依頼する。これで三度目の変更にも快く応じてくれる。なかなか出来た人物。例の初対面での出来事でお互いに気心がわかり安心して任せられるのだ。

　夏にはすべてのこちらの要望を取り入れた図面が完成した。そしてもう一度ミサワホームの営業所での最終確認と細部にわたる打ち合わせとなった。

　いろいろと自分の意見を出してなかなかクロスの色とか壁の色調、素材などで決めかねる顧客もいるとか。しかし自分はすぐに決めるので［こんなに早く決めて大丈夫ですか。］と逆に心配されるほどの素早い行動を示す。昔から決断するまではいろいろと考慮するのだが、いざ決めてしまえば何事も早いのが自分の性格。早めに終わり担当者に父の住んでいた住宅まで送ってもらう。暑い夏の夕刻。汗だくで家に入りこの家での最後の一日を過ごす。18歳まで過ごし,19歳のときに岡山大学の近くの民家の二階を借りて下宿生活をしたので実に50年振りの里帰り。名古屋から帰るといつも父がいたので思い出に溢れている。

〔 懐かしい父との日々の思い出 〕

○ 幼いころにはいつも父が給料日には好きな本を枕元に置いてくれたこと。

○ 父が勤め先から帰る時間には玄関先の畳に正座して「お帰りなさい」の挨拶をしていたこと

○ 父は合理的な考えの持ち主で食事は箸ではなくフォークでするのが毎日の習慣であったこと

○ 小学生の時にライバルの子供が子供新聞を毎日読んでいることを聞いて自分も欲しいというと家にはそんな余裕はないので普通の新聞を辞書を引いて読むように言われ、そのことで国語の成績が伸びたこと

○ 近くの海岸で魚やタコをとってきて食べさせてくれたこと　なかでも岡山のママカリを採ってきて直ぐに丸い七輪で焼いて酢醤油につけてたべさせてくれた味は忘れられない。岡山に帰ると駅でママカリの酢漬けを買って食べてみてもあの味にはほど遠いのだ。あのうまさにはその後二度と味わうことがなかった。瀬戸内は魚が美味で、いつも高級料亭でしか同じ味にはお目にかかれないのだがなかでも父のママカリと新鮮な茹でタコの味は頭にいつも浮かんでいる。

○ 冬になると家で飼育していたニワトリを自分で捌いてくれた。あの鳥の油とまだ未熟な小さい卵を鍋にしてくれた。あの体の芯まで温まる冬のごちそうにも遂にその後味わうことはなかったのだ。幼心に焼き付いた味。今も忘れられない。

〔　　母の思い出　　〕

　母は生後 28 日に生みの親から育ての親元に幼女に出されてそこで育てられた。

　実家は、戦前に愛媛県からこの地の移り住んで苦労をしていたのだと聞かされていた。そして 20 歳の時に父と親同士の話から結婚する。父との間には子宝に恵まれて 7 人もの子を授かる。しかし戦争で父が外地に出向くことになり随分と苦労をしていたのだ。

　そして戦後の日本は「産めよ・増やせよ」の国策奨励でどこの家でも子沢山で、しかも戦後の物の乏しい時期が何年も続いていて、さぞ子育ては難儀なことであったのだ。生きていくのが精一杯の時代。昭和 30 年代の日本人のほとんどが苦労を積み重ねていた。しかも 7 人もの子供の養育。母は既に自分の限界を超えて無理を強いられていた。

　私が小学生の低学年の頃に農婦病を患うことに。兼業農家であり過酷な状況が体を追い込んだ。手と足や腰の痛みから始まる。その後、母は慢性の関節リュウマチを発症する。手の関節が腫れてきて次第に曲がり元の状態にはならない。

　学校から帰ると母が横たわり、その足や腰のあたりをもむことが毎日のようにあった。さぞ辛いだろうと思うが自分に出来ることと言えばそのくらいなのだ。

　それでも自分では顔に笑顔を浮かべて御礼をいう。何かいい薬はないのかと子供心にも悩むことにもなっていた。

　今はリュウマチには非常に効果的な薬剤があり、あの頃にその薬があれば母はどんなにか救われたのではないかと思うと可哀そうで母の姿が目に浮かぶ。

　それでも自分の高校の入学式には病を隠して参列してくれた。それが自分にも強く印象に残っていて、その後の担任から大学進学の勧めがあっ

たときにはこの母のためにも何としても大学に入りその後に少しでも親孝行をしたいとの思いを強く持つことになった。

　大学卒業後、故郷を離れて生命保険会社に就職が決まり、故郷を離れることになり自宅からバスに乗り込むときにいつまでも母の手を振る姿が今でも遠い記憶として頭に残っている。

　その後、なかなか古里へは帰ることのない時期が続いた。仕事に集中するあまり故郷のことは頭から消えていて、時折思い出しても姉たちが近くにいるのだから大丈夫だと信じていた。そして平成へと年号も変わり益々業務に没頭する日々の連続で自分が働き盛りを迎えていたことでもあり帰省しない年も多くなっていた。

　平成３年の暮れには母の容態は悪化してこの年の年末まではどうだろうかという状態になりいよいよと自分も覚悟を決めていたのだ。この年には事務所の奥様の事件に遭遇して、その捜査の段階で帰省をあきらめざるを得ない状況であった。

　故郷を出るときには親の死に目には会えないと覚悟をしていたのだが、いざ自分がその当事者となるとやはりなんとも言えない気持ちがしていた。

　数年前に帰省した際に既に寝たきりの容態であり自分の顔を見て微かに笑みを浮かべていたのが母との別れになった。

　母の生涯はこの戦後時代を生きた女性がそうであったように自己犠牲を強いられた苦難の人生であり、いやそれ以上に苦労の連続ではなかったのではないかと思われる。そのような時代でも育ててくれたことに感謝しないではいられない。

　自分が迷い動揺することが出てきてもこの母を思うことでいつも耐えられ、また切り開いてきたのではないのかと回顧するのだ。

「人生は七転び八起き」「千里の道も一歩から」「あきらめないで前をみ

て」と母がいつも聞かせくれ言葉を思い出して自分の励ましにしていた。

　幼い頃のことで今でも忘れることの出来ない話を母がしてくれた思い出が残っている。

　母がいつも朝早く台所で支度をしていると、カランコロン、カランコロンと下駄の足音が聞こえる。ああ、あの人だと解る。近くに住んでいる人で、幼い頃に両親を亡くしていて今は叔父の家に預けられている。玉野高校までは通常ならば自転車で通学するのだが購入してもらえないので徒歩で毎日通学していた。

　片道３時間にもなるのだが、早朝の暗い道を下駄ばきで毎日通う。往復の６時間の道すがら勉強をしていて、高校では生徒会長・野球部のキャプテンでトップの学業成績。すごいの一言。その後、現役で東京大学に入学して、大学院の頃にはイギリスへ国費留学をされた人物。この人を超える人はいまだにこの周辺では出ていない。

　母がよく言い聞かせてくれた。[山田にはこんな人もいるのだから頑張らねばいけないよ。]と幼い自分が気持ちが沈んでいるといつもこの人の話をしてくれて励ましてくれた。この玉野からは著名な人物も多く輩出している。

　名古屋にいるときにはよくカレーハウスのココイチの創業者の宗次德二さんの話が出てきて、顧問先の人々からもココイチの社長も岡山の出身とは聞いていた。

　よく地元の中日新聞にも記事が掲載されていてすごい経営者であること、幼い頃には大変なご苦労をされていた方とは知っていたのだが、まさか玉野で４歳から８歳までを過ごされていたとは帰省するまで知らなかった。

　両親を知らないで孤児院で育ち、養父でこの地で養育されていたのが

玉野で過ごした時代なのだ。その後養母のもとで名古屋に移り、名古屋の隣の町で創業されることになったと新聞記事で読んで知った。

　当初は奥様と喫茶店を開かれていてそこでの家庭の味のカレーが評判となり後の壱番屋の発展になっていく。偶然にも自分のマンションのそばを流れる一級河川の庄内川の対岸の町が創業地であり、また本社ビルのある名古屋郊外の場所のすぐそばに顧問先の会社があり、よくその近辺を車で通行していた。なにか不思議な気さえする。

　また、帰省して知ったのだが、紳士服・メンズショップのはるやまの創業者の社長が玉野出身と知り、玉野店で買い物をすることもしばしばあり著名の方々も多く輩出している地に生まれた者として活力を頂いている気にもなった。

　母はリュウマチで手足が不自由なのをじっと耐え忍んでいた日々を思い出す。

　そして昭和36年4月1日スタートの国民皆保険皆年金の制度が頭に出てくる。

　もう少し早く国民年金制度が出来ていれば加入して多少なりともその恩恵を受け障害年金の適用にもなったのではないかと思うと残念としか言いようがない。

　しかし、母が病に侵されている姿を見て育った者としてその後に成立した行政の保護制度に目を向けることになり、社労士として障害のある人には［障害年金・市町村の補助・所得税・住民税の軽減］などについて捕捉してその都度、障害者に対するこれらの制度を説明し得ることが体得出来たことは感謝しなければならない。障害年金の手続きだけで終えることなく、その対象者の状態を斟酌して、その等級の改定も視野に入れて包括的な制度の担い手の役割を遂行しなければならないのが制度を取り扱い者としての責務でもあるのではないかと今は考えている。

∝∝∝∝∝∝∝∝∝∝∝∝∝∝∝∝∝∝∝∝∝∝∝∝∝∝∝∝∝∝

　そうなのだ。自分のこれまでの社労士としての人生は、すべて我が家族の歩みや出来事と重なり合っている。

　　父・職場の労働争議での閉鎖のとき父の厚生年金の脱退手当金の申
　　　請拒否によるその後の老齢年金の受給
　　　労災事故での障害一時金の受給
　　　傷病手当金の申請による長期の療養
　　母・リュウマチの後遺症でも年金制度発足前による適用外
　姉妹・結婚による氏名変更・失業給付の受給・出産一時金・産休・再
　　　就職での厚生年金再加入・扶養家族・パートなど

　自分自身がこれまで社労士として意識しないで業務をただ無我夢中で遂行してきたがそのすべてが自分の身内の出来事に関連していて、しかもその中においても父の人生そのものが自分の生きた教科書になっていると、あるとき気が付いた。

　まさに父は自分の生きざまを通じて息子が携わる職業を教えていたことになっている。

　このことは自分が事務所を開くときに痛切に感じた。父は何も口にはしなかったのだが、ある意味では判じていたのではないかとも思われる。

　あるときに父から何気なく「社労士は何をする仕事なのか」と一度訊ねられことがある。そのときにはおおよその仕事の中身を話しておいたのだが、いつも厚生年金を脱退しなかったことを誇りにしていたことと重ね合わせて慮ると父は自分なりに社労士の職務を調べていたのではないかと思う。そのために自分の息子が事務所を開くときにはわざわざ岡山から縁起物のナンテンを持参して父の手で植えてくれたのだと今では理解している。事務所が軌道に乗り心配がなくなったころに帰省した際にはとても喜んでいる様子を見せていた。

よく顧問先の人から「あんたは本当に仕事を楽しんでいるんでしょう。その顔に描いてあるよ。」と言われた。そうなんだろうと思うし、今でも自分が現役で毎日悪戦苦闘の日々のなかでも仕事をやめようなどとは一度も思わなかったのだ。

　それがおそらく表情に表れていたのだと考えている。大変な仕事であり気を抜くことが出来ないことも多く、毎年数万人の志願者数があっても合格するのはごく一部で2000人から3000人ほどであるし、また合格から開業しても生き残れるのは1%にも満たないのではいかとも考えられる。どの職業でも同様であるだろうがその業界で生涯を貫くことがいかに厳しいものであるかはやり終えた者でないとわかり得ないのではないかとも言える。

∾∾∾∾∾∾∾∾∾∾∾∾∾∾∾∾∾∾∾∾∾∾∾∾∾∾∾∾∾

　平成24年2月初めから古里での工事が始まる。既に70年以上にもなる住宅の解体・土地の地質調査と宅地の強度を高め、高潮の被害を防ぐためのかさ上げ工事と順調に進む。父の一周忌を終えてから始めた工事。一年間待っての開始。

　19の時に家を離れ大学卒業までの3年間は岡山市内の下宿先、その後は生命保険会社で1年間は千葉で2年目は岐阜支社へ転勤で岐阜市内。その後転職して、岐阜から5年目に名古屋に移住して早くも38年もの間名古屋での都市生活を送る。

　実に50年もの間離れていた故郷での生活が始まるのだ。とても複雑な気持ち。

　懐かしい小学校と中学校を共に過ごした同級生もすぐそばに居て、姉妹も岡山市や玉野市に居る。親戚も加えるとその人数は50名以上なので心配はないのだが、やはり長年不在であったため、どこを見ても変わり果てている。

瀬戸大橋が出来て早くも25年の歳月が経過している。自分が名古屋での生活が全てでその地で生涯を終える気持ちで暮らしていただけに、やはり、いくら生まれた土地であっても心境は複雑なので仕方がない。しかし不安を抱いていても始まらない。

　自分で決めたのだから。この自問自答はこれから先も常に付きまとう気がしていた。

　工事は極めて順調に進んで行く。ミサワホームの担当者からはその都度、状況の説明がなされ工事費用も三回に分けて振り込みをした。考えてみればこのようなことの為に積み立てを長年していたわけではないのだが結果的には故郷の自分の生家を建て直すために使用することになるとは何とも皮肉なこと。

　やはり父の願い［この家をどうするのか?］と問い質していた思いが通じていたことになる。やはり自分にとってかけがえのない存在なのだ。祖父から父そして孫の代へと継承される宿命なのかもしれない。そうなのだ、祖父は自分の生まれる半年前の昭和19年7月に亡くなったので、幼いころにはよく祖父の生まれ変わりなのだと教えられた記憶が残っている。

　祖父も愛媛県から単身でこの岡山の地に来て苦節を経て資産を残したのだと言われている。父が戦争で兄と共に外地に赴くときに、自家用の船を建造したときの親族全員の記念撮影したモノクロの写真が自宅に残る。その頃の様子を想像できる。

　盛大な壮行式の模様が整然とならんだ親族一同の姿に凝縮されている。父も若い。

　父の遺品の中でもこの写真は自分でも驚きの目でいつも見る。昭和16年頃でまだ写真の技術も今とは対比できないほどの時代でありながら親族が正装している。三つ揃いのスーツ姿・羽織袴の父や祖父・そし

て女性は和服や洋装で鮮明に。

　カラーではない時代でも実に明瞭に当時の様子が見て取れる。いつも自分が落ち込んでいるときにはこの一枚の写真が力を与えてくれる。

　当時、村で一番の男前と言われていたのがなるほどと思えるほどの父の姿は息子として誇りに思えるのだ。年老いても身なりにはいつも気を配り、入院するときには必ず散髪をしてからと決めていたとか。

　祖父の教えで暮らし向きは質素・倹約を是とする日々ではあったのだが出かける際には常にキチンとする習慣を体得していた。祖父の47歳の時に生まれた末っ子でそのために十七男と名付けられたのだと最近になって姉妹から聞かされた。

　自分自身も姉妹が6名で姉が5名。なかなか男の子が出来なくて心待ちにしていた父が37歳の時にようやくにして誕生した子供であった。その溺愛ぶりは姉達からいつも嫉妬の目で見られた。

　自宅を新築する際にミサワホーム玉野の担当者とも親交を深めていくなかで気が付いたのはこの若者と自分との年齢差がちょうど37歳であり、いわば父がこのような気持ちでいたのではないかとその交流のときに感じ始めていた。

　新築に伴う神事も順調に進み5月28日に完成した住宅の引き渡しとなった。

　この日に帰るのだ。その前にいろいろと親交を深めた事業所の皆様に金田君とともに挨拶に行ったときには「自分の生まれ故郷に帰るんですね。いいですね。そこで家を新築して老後の生活を送れるのは幸せなことですね。」とか「ときどき瀬戸大橋を渡って讃岐うどんを食べに行くんですよ。」とか様々なことを聞いた。

　既に各地域の距離感は確実に少なくなっていて、この名古屋から岡山県までも日帰り圏になっていて実に気軽に出かけている時代なのだ。

そう思い、自分でも「いつでも名古屋に来れますので」と返していた。自分が古里を離れたころとは比較にならない時代。今や遥か彼方に流れさった若さに満ち溢れていた時期。既に50年。半世紀が経過している。実に早い。人生を過ごしてきたのだ。

　このような自分の人生になるとは夢にも思わなかった。人の生涯はこんなものなのかと改めて思う。

　その日が来た。業者に依頼して前日までにはほとんどの物は5月29日に自宅に届くように送り出しているので当日はわずかの残りの物を積み込んだ。その後は自分が28日に使用するわずかの物だけを新幹線で持ち帰ることになった。

　最後のマンションでの朝。全てが片付けられた部屋で出発までの時間を過ごす。

　名古屋での最後の日。長い、あまりにも長い歳月。我が人生のほとんどはこの地なのだ。骨をうずめると決めていた処。200万人以上の人口があるのだが、ほどよく田舎の風景も点在し実に暮らしやすい処。慣れるまでは苦労もいろいろとあったとはいえ、その後は知り合う人の数が増えるにつれて、親しみと愛着が根付き毎日が変化に富んでいて楽しい出来事ばかりが思い出される。

支那事変で戦地の父　　　　　伊勢神宮参拝の両親

幾星霜

名古屋への愛着

○　市街地の整備の見事さ

　第二次世界大戦の戦火で 1945 年 3 月に二度の空襲で市街地が焼け野原になる。そして 5 月には名古屋城が焼け落ちた。戦後復興で当時の小林橘川市長が英断して 100 メートル道路と言われる久屋大通・若宮大通を作り、大都市のなかでは北の札幌と並ぶ日本ではトップクラスの面積を有する道路を市街地に整備した。他の都会にはないその街並みは誇りとなって今に至っている。

　一度、駅から降り立った者には駅前から広がる 3 本の主要道路の幅の見事さに驚嘆するのではないだろうか。桜通・錦通・広小路通とまっすぐに広がりを見せてくれる通りの眺めにには息を飲み込む人もいるのではとも思える。

　ここ岡山の中心市街地を車で走行したときの印象とはまるで異なる走り良さ。

　こんなにも違うのか。そうなのだ、国土の面積の限られている日本では市街地でも道路幅には余裕を持たせることはできない相談であり、小林市長の決断が無ければこのような整備工事は出来なかったのだと改めて市長とその計画に賛同した市民に共感を覚えないではいられない。そして今に至るまでその考えの気風は根づいていて街並みの再生には常に道路整備が全面に打ち出され、実に見事に再生されていることにはいつも感心させられる。権利意識が戦後間もないころとは比較にならないほどの現代においても地域住民を含めて合意形成がなされてこのように出来上がるのだといわば都市再開発の手本を見たことが幾度も頭に残っている。

○　顧問先・社労士仲間との交流

〔　顧問先との交流　〕

①　仕事柄、特定の事業者との個人的な交流は極力回避することを前提にしていたのだが、やはり長年の間にはどうしても依頼されて出て行くことになる。特に社長の子息の結婚式では招待状が届くと必ず行くことに。

　或る顧問先の社長の長男で次期社長になることが約束されている方の結婚式のこと。そこの祖父の方が詩吟が趣味で孫の婚姻のときには必ず謡うことを嘱望されていたのだが、それまでに旅立たれたため代わりにどうしても吟じて欲しいと要請された。当時は仕事に集中しなければと数年前からお稽古はやめていたのだが急遽教えていただいた先生に事情を話して短期間で練習をすることになった。昔とったキネヅカでなんとかメドを付けて曲目を選び、当日には扇子にその詩吟の句を書体にして詠み終わる際には新郎ご夫妻の席に運び、記念の品の一つとしていただく手筈を整えて会場入りをした。

　名古屋でも有数のホテル。しかも出席者がそうそうたる顔ぶれ。身震いをしそうな雰囲気が漂っている。

　始まる。式は万全の体制で極めてスムースでしかも司会の女性の実に巧みな話術で和やかな空気に包まれている。披露宴半ばで、いよいよ友人や会社関係の立派な人たちの見事な演目。なかなか自分の名が呼ばれない。途中で不安になり司会者にそっと尋ねる。「何番でしょうか。?」と

　「一番最後のトリを務めていただきます。」との声に息をのむ。

　［ええ!! !!］と絶句。

　［どうしよう。こんな90名も列席者がいる席でトリとは??］しかしやるしかないのだ。［よし、腹を決めよう。とにかく精一杯やればいい］

と心のなかで。しかし声が出ないと困るので出された美食もワインも手を付けられない。これもなにかの縁なのだと飲食は極力抑えた。

少し赤い顔のままでやり遂げた。どうにか出来た。拍手が聞こえる。なんとかなったのだ。しかし食事は殆ど口に入れていないがこれもいい経験だと納得する。

後日、お目にかかった時には感謝の言葉を聞く。社長夫妻から「本当にありがとう。よかったですよ。皆さんにご好評で」の言葉に安堵した。

この会社ではその後数年経過した時期に奥様から悩みを打ち明けられた。

「社長と息子がいつも意見が合わなくていい争いになることが多く、私の仲裁にもガンとして話を聞くことをしてくれなくて悩むばかり。なんとか二人に話をしてもらえないでしょうか。」

と懇願された。

「わかりました。考えてみましょう。」

後日、社長と奥様に面談して説得を試みる。

［社長の気持ちもその通りだと思います。息子さんの意見もよくわかります。お互いが会社を如何にして盛り上げてゆくのかと考えておられるのです。間に立たれている奥様はなおさら大変でしょう。私も長年お付き合いを頂いているので奥様の話をお聞きして考えてみました。社長が私の意見を腹立たしく思われて顧問契約を破棄されても構いません。きょうはズバリ話をさせていただきます。今日の会社があるのは社長の懸命な努力で築き上げられたのは誰もが十分に知っています。本当に心底会社に身をかけてこられたのですから。社長の製品の開発にかける血の滲むような熱意はすごい。誰もがよくわかっています。息子さんもよく理解しています。

しかし、時代は変化しています。社長のこれまでの時代と息子さんが育った世代では既に様々に変わっているんです。社長の輝かしい実績もこれからすべて世の中に受け入れられるとは考えられません。ここは一歩譲って息子さんの考え方を聞くことも必要なのではありませんか。

　そのうえで改めてこれからの会社の方向を考えられてはいかがでしょうか。]

　傍らで聞いていた奥様が手を叩いてうなずいていた。

［わかりました。俺もじっくり考えてみる。]

　と社長が言葉を返した。

　10日ほど過ぎた日に電話で会いたいとの連絡があった。

［ありがとう。今まで誰も私に意見を言う者はいなかった。イエスマンばかり。先生が話してくれてなるほどなんだとわかった。世の中は動いているのだと。私が手塩にかけて妻と育てた息子なんだ、会社に入る以外にもあの子の人生はあったんだと理解して初めて息子に感謝する気持ちにも慣れた。一度息子と話し合うことにする。]

　胸をなでおろした。その後互いに意見を素直に言い合うことが繰り替えされてようやくわだかまりが消えたのだ。

※とかく経営者は自分の周囲ばかりを見て過ごすことが多く、少しずつ時代の変化から疎外される傾向がある。常に世相や人々の考え方の動きにも目を向けてゆくことが求められているのではないかと考えさせられた事案であった。

②　創業25周年を記念して顧問先の建設関連の会社から外国旅行への同行案内を頂く。その事業所とは自分が独立した際に、従来のスポットの業務から顧問契約に替えて今では毎年定額の社員会も参加させて

いただいてる間柄であり、しかもオーストラリアへの２泊３日の海外旅行。

国内旅行や夏と冬の社員の懇親会にもしばしば参加させていただいていることもあっていわば顔なじみの社員の人も多い。行くことを即決した。

実に気さくな会社の皆さん。しかも社長の奥様は別の会社も代表権を取得しており、またこれほどまでに綺麗な肌の女性には後にも先にもお目にかかったことがないほどの美人。肌にシミ一つない見事な色白。実に卵の白身そのままで化粧はしているのかどうかわからないほどの美肌の持ち主。男から見てもこれほどの肌は驚くほかないのだから、女性から見ればその見事さに見とれてしまうのではないかと容易に想像できる。仕事柄、多くの女性のいわゆる美人の顔は毎日のように拝見しているが、その多くは作為的な美、メイクで仕上げられたものでもあるのだが、この人だけは別世界と思えるのだ。

よく日本三大美人の産地として、［　京美人・秋田美人・名古屋美人　］と巷間でいわれることは耳にしているが、その証しともいえるほどの人である。

いつも労務管理でいろいろとお話をさせていただいたり、諸手続きの際にはお会いして歓談させていただくこともたびたびありご子息の２名もその会社に在籍されていて既に60歳にはなっておられるが、そんなには見えない。そして常に前向きで逆に励ましを頂くことも多々あった。

羨ましい人生を歩まれている方で名古屋の女性経営者のメンバーにも名を連ねられている。

オーストラリアのゴールドコーストとシドニーを巡る旅。しかも宿泊先が著名な全日空のホテル。一日目は生憎の雨でゴールドコースト

の海岸の紺碧の海とはいかなかったが、テーマパークや買物などで上等の外国気分を味わう。

　ホテルの見事さはすごいの一言。しかも社員会に加入させていただいてることで極めて低料金での滞在。夕食の豪華さもこんなことは初めてと思えるほど。

　こういうときには社労士冥利に尽きるのだ。翌日は上天気でシドニー市内を巡る。

　オペラハウスの見事な曲線美。緑豊かで清潔な街並みが続く。午後は自由行動でのショッピング。免税店では若い女の子が同行してくれて実に楽しい買い物になった。

　すっかりシドニーの虜になってしまった。

　日本とは時差がないだけに体調も良く、好印象の海外旅行でこんなところに移住してみたらとの思いまで頭にあったのだ。

③　その他の交流・出来事など
　○　平成23年の早春のことでは事業所の閉鎖の時の社員とのお別れパーティで盛り上がり二次会・三次会の付き合いで午前三時まで飲んで騒いだ思い出
　○　昭和47年頃だと記憶しているが名古屋場所の前に親戚が［タニマチ］であった事業所の誘いで有名力士とカラオケスナックで力士と共に歌ったこと。この時力士が椅子に座った途端にあまりにも重い体重のために周囲の椅子が持ち上げられたのには驚いた。そして声の大きいことこの上ない。やはり生きている世界が違うとはこのことかと改めてその体と顔を見ていた。当時の朝潮関。力士とはいい商売でいつも［ごっつぉうさん］の一声で済まされる。ただ長続きが出来ないことが残念ではあるが。

朝稽古を見るために早朝車で出かけたこともあり当時初めてのハワイ出身の高見山の所属していた相撲部屋の早朝稽古を見に行き、その人気の凄さに驚いた思い出がある。

○　名古屋場所で顧問先の住居の一角が相撲部屋の宿舎になり算定基礎のときにはいつも力士の姿を見ていたこと。

○　昭和50年〜53年頃だと思っているが30才〜40才位まである事業所の社長の奥様から半ば強制的に習う羽目になった詩吟がその後なにかと業務でも役に立つことになったことも良き教訓の一つである。

　　毎年の詩吟の大会にはいつも下手の横好きで参加した。さすが芸どころ名古屋。

　　皆さんの熱心さはすごい。そして日頃は質素・倹約を是とした暮らし向きなのだがこういう場では全然違う。惜しみなくとまでは言えないが身に着けている物が違っている。特に女性の着物などは会服は別にして私服がすごい。とにかく見立てと共に身に着けている物がワンランク上と見た。

　　使うときには惜しみなくとの風潮。やはり、長年の習俗の違いが表れている。

　　詩吟を習い始めのときには声が出ないのに苦労を強いられた。しかし3年ほど経過したころから自分の声に張りが出てきたように感じ始める。そして何よりもよく扁桃腺を腫らしていたのが嘘のように消失した。これには自分でも驚くほかない。

　　やはり日頃の鍛錬の成果ではないかと思う。そして風邪をひきにくくなったことも効用の一つだと自分では判断した。約10年ほど継続してのだが、担当の師範が亡くなり、また自分も仕事中心の日常になったため次第に足が遠ざかることになったのだが、この顧問先の社長の奥様で詩吟の師範の先生には今も感謝している。

○　顧問先の会社のお嬢さんが当時流行していたフォークソングの歌手で、自分の作詞作曲した歌がヒットして市民会館でコンサートを開いたので聴きに出かけたがその後２年も経ないうちにこの顧問先が倒産した。芸能の世界は淘汰が激しいのでその後、この歌手もご苦労をされたとか。まさに浮き沈みの激しい業界を垣間見る思いがした。

○　叙勲・褒章の受賞者の祝賀パーティーにお祝いを持参して人生で一番ともいうべき晴れ姿を見るのだが、その後の当人は意外と短命の人が多く、なにかしら寂しさを覚える事がしばしばあったこと

○　中小企業の経営者は一見、夫婦円満に見受けられるのだが、実際の姿は異なっていることが意外に多い。そして悩みを奥様から受けることが何度もあり経営者の家族の苦労を知ることがあり、世の中の実際の内情は並大抵の気苦労でないのだとわかり複雑な気持ちになったこと

　　経営者を陰で支える人の日常は大変なものなのだと知り得ることと共に、意外に身近に相談相手がいない人が数多いことにも驚いたこと

○　よく夫婦で構築した会社と言われるが、中小企業では意外と再婚により事業を成功に導いた例が多いこと

　　また、中小企業では親戚にも職種は異なるが経営をしている縁故者がよくあるので我々のような業務を永続的に営むには何よりも信頼関係の構築が最重要であり、横のつながりが強いので太い人脈を持つことが必定であること

○　三代は続かないといわれて久しいが、まさにいつの時代にも共通することでありその例を社労士の経験年数が増えれば増えるほど経験する頻度が数多くなる。そして次第に時代と共に〔　人・モノ・

金　］の流れを痛感することになる。

○　名古屋での暮らしはやはり味噌の味。味噌カツ・味噌煮込みはさすがに美味。

　　最初に味噌煮込みを食べたときはなんとも言えない味がした。

　　あの豆味噌の味は関西以西の薄い味噌味に慣れている者には、なんとも言いがたい味なのだ。独特の味。しかし寒い冬場には欠かせないほど体が温まる。

　　そして数回食するうちにその特有の味が恋しい気持ちになる。味噌煮込みうどんのあの独特の腰の強いうどんと豆味噌の煮込みはやはり一番の名古屋の味なのだ。

　　夏場には［ざるきしめん］。天ぷらと共に食べる［天ざるきしめん］は今なお食べに行きたくなるほど。のど越しのあの味わいは捨てがたい。

　　そして［ひつまぶし］。陶器産業が盛んな瀬戸市で、友人が御馳走してくれたときの［ウナギのひつまぶし］は美味しかった。最後は茶づけにして食べる特有の食べ方の面白さ。機会があればまた是非食べてみたいものだ。

○　芸どころ名古屋と言われるだけに見る人の目の高いことはこのうえないほど。

　　上町ことばの名古屋弁の奥ゆかしさと独特のイントネーションは聞いていても耳に馴染んでくる。やはり戦国時代に信長・秀吉・家康のご三家を輩出した土地柄ならでは。受け継がれてきた色濃く残っている風情のある言い回し。今ではその上町ことばを話せる人が数少なくなっているのは非常に残念至極である。また、日ごろの挨拶に［ご無礼します。］との言い回しも特有なものではないかと思う。

〔 **忘れられない東海豪雨** 〕

　名古屋での出来事のなかでも東海豪雨は自分の人生のなかでも最大の自然災害として記憶されている。

　これほどまでの凄まじい自然の猛威はなかった。小学生の頃に台風の高潮で岡山の実家の周囲が海水で埋め尽くされて家の庭も被害に遭ったことはあったのだが、床上浸水はなく台風の通過で終わるため数時間の出来事として記憶に残っているが東海豪雨はその比ではなく恐ろしいまでの自然の猛威であった。

　平成12年、西暦2000年の節目の年の9月11日から12日の集中豪雨。

　9月7日から前線が停滞していてぐずついた日が続いていた。9月9日に社労士会西友部の著名な会員が亡くなりその通夜に行く。小雨の中を名古屋市の郊外の斎場で通夜を終えて帰宅の途中に急に激しい雨に遭遇した。雨足のあまりの激しさになにか言いようのない不安に襲われる。しかし、翌日には収まり、いい天気の一日に変わっていて予報ではこれから天候が悪化するとは考えられないほどで夕焼けを眺めていた。

　しかし、11日の午後から急に経験したことのないほどの激しい雨になる。

　夏の日によく経験するあの雷雨の時の雨のような、前が見えないほどの雨が止むことなく降り続く。おかしい、こんなにも長く滝のような雨は想像もしていない。

　午後2時過ぎに〔様子がおかしい。きょうは仕事を終えて今から帰りましょう。〕と皆に話して帰り支度を始める。周りの状況がよくわからない。事務所の前の道路の車の通行量が既に異常に増えている。これは大変なことになるのではないかと不安が次第に増していく。午後3時過ぎには既に車の渋滞が発生している。

この雨の降り方は今まで経験した事がない。しかもテレビでの報道やパトカーの警報もない。なぜだかわからないが、とにかく自分の身を自分で守るしかないのだ。

　事務所のそばの駐車場から出て道路に。しかしどの道も既に車で塞がってしまっている。なんとか車列の中に入ることが出来た。しかし、まつたく動かない。信号が変わるたびに少しだけ動いた。［これはなんだ。こんなことがあるのか。］と周囲を見てもどの道も車で溢れかえっている。それでもとにかく辛抱強く少しずつ車を走らせる。

　いつもだとほんの15分もかからない自宅までの距離を50分以上もかけてなんとか自宅のマンションに着いた。

　7階の自宅のベランダから近くの道路を見て唖然として声が出ない。どの道も車で完全に塞がれている。自宅になんとか帰ることが出来たのはラッキーだった。

　もしも判断があと1時間でも遅れていれば大変な状況に巻き込まれていたのだ。

　それからも一向に降り続いて、いつも窓から眺めている名古屋駅前の高層ビルが見えない。外の様子が次第にわからなくなる。遂には近くの名城大学付属高校の建物も見えないほどになる。こんなことは初めて。恐ろしい、街中に住んでいても近場の建物までがぼんやりとしか見てとれない。まるで濃霧のなかにいる気持ち。反対側の庄内川の水位が次第に上昇している。平常時には川幅のほんの僅かの中ほどだけに流れがあり実に穏やかな光景なのだが、今や川幅一面が水の面でみるみるうちに水位が上がる。マンションのすぐそばの川岸には高校のグラウンドと畑が広がっていて普段は高校生の野球部員の声がこだましている。そして畑仕事の人の姿や周囲の道をウオーキングする人達も。自分の散歩道でもあるのだがすべてが水没してしまっている。川岸の道路は対面通行の

片側一車線でいつもは車の途切れることのないほどの通行量なのだがすでに通行禁止。パトカーが名古屋側の対岸に停まっていてその警告灯の明かりだけが見える。今や陸の孤島の様相さえ呈している。なんという異様な光景。

夕方から夜になっても一向に激しい雨が降り続く。テレビでも広報車も情報がない。

どうなっているのだ、こんな非常事態のなかで何も知らされないとは。こんなときこそどのような状況にあるのか、今後の豪雨はどうなのかいち早く知らせて欲しいのだ。行政とマスコミがどうしているのか、と不安と不信の只中にいる。こうなれば自分の身は自分で守るしかない。

深夜になる。川幅全体を濁流が凄まじい勢いで流れている。対岸のパトカーも既に見えない。すごい雨で何も見えない。周囲わずか数メートルほどしか見えないのだ。

恐ろしさが増してきた。庄内川が氾濫したら名古屋駅まで水没する。

深夜12時にマンションと近くの住民の多くの人が川の様子を心配して見ている。

おばあさんが「わしも70年以上も住んでいるがこんなことは初めて。庄内川が溢れるなんぞは聞いたことがないはなあ。」と言う。そうなんだ誰も経験したことがない。まさに異常事態。既にほとんどが水没している。あと70センチで川が氾濫すると大声が響いた。エエー‼‼　どうしよう⁇

マンションの7階の隣の夫婦と相談して取り合えず水を確保しなければとバスタブの水を張る。7階なので水没の心配はまずないが、飲料水と生活用水、そして食料を確保しておかなければと考えたのだ。出来ることは済ませた。あとは一刻でも早く濁流の水位が下がることを祈るしかない。運を天にまかせるのみ。

天気予報では明日まで降り続くと。どうしよう、遂に名古屋が水没都市になるのか。

　考えただけでも空恐ろしい。そうだ、一階の駐車場の車は水没すると大変だ。そして事務所はどうなるのか。とにかく行動しなければ!! !!

　少し落ち着いてみた。事務所のそばの借りている駐車場に車を移動させれば助かるかもしれない。あそこは道路よりも少し高いので１メートルの水位だと水没を免れることが出来る。よし車をあそこまで移動させようと決心した。時に深夜２時前。

　幹線道路に出る。片側三車線のうち走れるのは一車線だけ。凄まじいことになっている。降りしきる雨の中、ハンドルの手がガチガチ。前と後ろの車にすべての集中力で注意しながら20キロほどの超低速運転でなんとか駐車場まで辿り着いた。

　身体全体が固まっている。しかしやらなければ。まだまだやるべきことがあるのだ。

　事務所に入り保管している顧問先の関係書類をフロアからの高さが１メートル以上になる場所に積み上げていく。冷蔵庫・コピー機・台所の上は書類と顧問先の台帳や事務所の重要書類で満杯の状態になる。これで浸水が１メートルなら救われる。

　もし自分の身になにかあっても社労士の金田君がなんとかしてくれる。安心した。

　時計を見ると午前４時近くになっている。必死でしていてこんな時間になっていることを忘れていた。帰ろう、自宅までは歩いて。事務所を出ると雨は少し小降りになっていた。しかし道路にも水が溢れていて側溝との境がよく見えない状態になっている。もしもマンホールの蓋が外れていて足を取られたら最後にもなりかねない。

　慎重に足を進める。膝下まで水の中。交差点まで来た。信号は点灯し

ている。急いで渡り路地を慎重に歩き続けた。名城大学付属高校の近く
まで辿り着いた。明かりが見える。あそこに見えるのは消防隊員の姿。
その近くまで歩いた。なんとか水の引いた道路まで帰ることが出来た。
高校の体育館がどうやら避難場所に指定されている。

　しかし、避難している人の姿はごくわずか。なぜなんだと不思議な気
持ちのままにマンションのドアを開けて７階の自宅まで到着した。

　身体から力が抜けた。よかった、助かった。庄内川の水嵩が下がって
いる。安心してベッドに身を投げた。少し眠る。しかし、ものすごい騒
音に目を覚ます。

　午前６時頃。すでにマスコミのヘリコプターがマンションの上空に数
機が旋回している。慌ててテレビを見て愕然とした。

　　　なんという光景!! !!

　対岸の西枇杷島町周辺が水没している。自転車を肩に担ぎあげて裸に
なって動いている男性の姿。上半身は見えるがその下は水の中。また、
住宅街のなかからボートで避難している人の波。

　すごい、そして声が出ない。庄内川を挟んでこちらの名古屋側はいつ
もの様子であるのに対岸はすべて水没しているのだ。

　テレビの画面を食い入るように見る。［あの人はもしかして顧問先の
社長夫婦では］とボートの一番前に乗っている姿に呆然とする。画面が
変わり避難している人のなかに知り合いの顔がある。体育館で映し出さ
れた顔は［あの食料品店のお兄さん］。

　なんということ。いつも身近に接している人々が避難しているではな
いか!! !!

　庄内川の支流として人工的に作られた新川の堤防が決壊したためにそ
の周辺の町に濁流が流れた。そうか、それでマンションに帰ったときに
は庄内川の水位が下がっていたのだ。しかし、この被災地域には顧問先

の事業所が 20 件もある。

　マンションの上には騒音を響かせながら次々とテレビ局のヘリコプターが旋回していく。災害時にはどこでもこのようなことになっているのかと改めて報道の過熱に驚いていた。午前 10 時をまわる。この日は休みにする連絡は職員にしているのでやっと自分を取り戻し始めた。いつも洋服を頼んでいる店に電話した。

「あの体育館に避難している人が 10 人もいなかったのはどうして?」と訊ねると意外な答えが返ってきた。

「そうか、教えてあげればよかったなあ。ここらの人は避難はしませんよ。昔から庄内川が氾濫するときには名古屋側ではなくて向こう側の堤防が被害に遭うことになっているんで。」

「ええー!! !!　どうしてそんなことに!! !!」と聞き直すと、対岸の西枇杷島は名古屋市と合併することを拒否したために暗黙の了解事項になっているとか。ことの真偽はわからないが今回は実にそのとおりに事が展開されている。昔からこの地域に住んでいる人はよく知っているとか。

　そうか、それで避難してないのか、と改めて知り得たことを自分なりに納得した。

　しかし、その夜から周囲の光景は一変した。

　名古屋側がいつもどおりにネオン煌めく街の明かりに輝いているのに反対側の町は真暗闇の世界。あれほどまでに明かりがともるのが何もない夜。そして一つだけに明かりが。そこは歩道橋の辺りでボートの船着き場に様変わりしている。そこだけがあかあかと照らし出されている異様な光景なのだ。

　災害に遭うと遭わないのではこれほどまでに違う日となるのか、と何とも言えない気持ちに。しかもその日々がそれから毎日。一週間ほどし

て少しずつ明かりが見え始めた。元に戻どるまでに約1か月もかかることに。インフラの整備にはそれから更に後になったとか。一度罹災することは大変なことなのだと改めて知るとともに今回は被害が殆どなく事務所も3日後には平常通りとなる。胸をなでおろした。

　しかし被災した地域には顧問先が20件ある。すぐにはどうすることも出来ないので落ち着いた頃に見舞いの品を、いやこんなときには商品券のほうがいいと考えてデパートの外商に依頼することに。費用がかかるがそんなことは当然。これまでに長く付き合いをさせていただいたのだからこんな時にこそお返しをしなければ。

　実はこの一週間後に社労士仲間とグアム旅行に行くことになっていて既に準備を終えていたのだ。楽しみな海外旅行が実に気が重い中での旅立ちとなった。

　暑いグアムの地。ホテルで、また食事の場やツアーガイドの案内も上の空。仕方ないが災害に遭われた事業所の人々、知り合いの事を思うととても旅行気分にはなれないままに帰国した。なにかグアムの暑さだけが残る。やはり気分が晴れないせい。

　帰国して早々に今回の豪雨災害の情報収集に走り回る。

　いつも車で走る道の脇に放置された車やゴミ、瓦礫が散乱しているところも多い。

　まだ水のひいていないところもあり、とても仕事にはならない状態の事業所もいたるところで見受けられる。これほどまでの被害は今までに見たことがない。凄まじい自然の猛威。名古屋駅周辺でも冠水を受けたところも多くありなにごともなくて今まで通りに仕事が出来ることは不幸中の幸いなのだと改めて実感した。しかも、あの豪雨のさなかに事務所に来て顧問先の関係書類を守ったことで信頼度がアップされ、今まで以上に事業所から好感を持たれることになり、知名度も上昇することと

なったのだから、やはり非常事態の最中でも勇気を奮って行動しなければならないと痛感した。

　災害の爪痕はその後もさまざまな推移を辿ることになる。被災した事業所では再建することが出来なくなりそのまま廃業に追い込まれたり、再建で多額の負債を抱えることになり、或いは創業者が病で亡くなりその後、家族関係にヒビが入り、離婚するケースもあった。わずか2,3日の自然の大災害がこれほどまでに人の運命を左右することになるのを見ることにもなる。

　顧問弁護士の友人もあの豪雨の中を帰宅していて側溝に足をすくわれそのまま濁流に流されて死亡したと聞かされて他人事ではないと改めて自分の身は自分で守ることに尽きるのだとの気持ちを強くした。

　事務所の顧問先で罹災した20の事業所のうち4件はそのまま廃業。2件は従業員全員を解雇して家族だけで事業を継続することに。また1件は事業所の跡地を賃貸の住居に立て替えた。実にさまざまなことに対応することとなる。このような場合にはやはり財力の有無が決め手となることを目の当たりにした。資産家の事業所は比較的早く決断をして業種の転換をすることも出来たのだが、このような所はごく一部であり、もともとが事業を金融機関からの借り入れで運営してところも多く、更に借財を重ねることになり大変な状況に陥るところもあった。

　［人間万事塞翁が馬］の故事のように身を任せるほか仕方ないのかとも感じた。

　長年苦楽を経ている経営者の本心を聞かされて言いようのない思いを抱いた日々。

　今ではこの東海豪雨から15年以上の歳月が経過して何事もなかったかのように被災した地域も活力を回復しているが、止むを得ず事業所から去ることになった人々を思い出すと人生の変遷、人の世のはかなさや

無情を思い出させずにはいられない。社労士としての人生を回顧するときに常に頭に浮かぶ災害であった。

自宅からの瀬戸内海。手前のメガソーラーのパネルは昔の塩田の跡に広大に敷設されています。
すぐ近くにはプロゴルファー石川遼選手が高校生で優勝したゴルフ場があります。

幾星霜

国際研修コンサルタントの思い出

平成４年に国際交流事業の一環として日本にインドネシアから研修生を受け入れる事業がスタートすることになり、愛知県社労士会からコンサルタントを受託する者の募集があった。約20数名が３月〜５月までインドネシア語とイスラム社会の習俗・慣習・イスラム教などについて研修を受けることになり、その一員として参加し、「国際研修コンサルタント」の認定を受領して担当する事業所を受け持つことになった。

　２名の研修生を担当するのだが、その事業所は顧問先ではなく、コンサルタントの推進する財団法人国際人材育成事業団から紹介された会社であった。当初はどのように遂行して行けばいいのか戸惑うことばかり。コンサル仲間に聞いても同様の様子。これでは円滑に業務をすすめることはできないと痛感してコンサルタントの仲間に呼びかけて，毎月情報交換・情報提供する例会の賛同者を募ることになった。参加者は15名ほど。

　月一回の会食を囲んでのそれぞれの体験・悩み事・アドバイスなど意見交換をしてスキルアップを目指す。なかなかの好評を得て女性社労士と自分が会の主催を任されることになる。事業団の方も毎回参加していただいてこの毎月の例会が情報交流の場にもなり、会の終了後に参加メンバーに直後に送付する議事録も次第にその回数が積み重ねられていった。

　当初二年の研修期間を終えてインドネシアに最初の研修生が帰国した。それからも次々と更新されていて、やがて制度の周知と研修生を採用する事業者も増加して二年から三年に研修期間に改定された。

　毎月二回の研修生との交流からは自分自身にとっても若い20歳台の外国の人に対する理解と母国の実情を詳しく聴取することにもなり、何か日本が過去に辿ってきた道にも共通する事象が多くあり日本人の暮らし向きの変化を再認識することにもなっていた。

また宗教の違いが毎日の生活にこれほどまでに影響をもたらすものであるとは我々日本人には当初は理解しがたいことも多く戸惑う場面もあった。

　そしてコンサルタントとしてのこの活動の時間は社労士業務を離れて、日本が高度成長したことの日常を再認識することでもあり、自分の顧問の事業所でも研修生を受け入れるところも出てきて、何か社労士としての仕事と並行して研修生の姿にも触れることになり事業所との連携も強固なものとなり、一定の成果をもたらしていくことにもなっていた。研修生との交流のなかでも 2005 年 3 月から 9 月までの愛知万博の思い出は深く心に刻まれている。

◎　愛知万博に研修生を　◎

　2005 年 3 月 25 日から 9 月 25 日まで愛知県の瀬戸市の丘陵地で開催された日本国際博覧会・通称［愛知万博］は当時の一大イベントであり是非とも参加しなくてはと考えていた。そうだ、またとない機会なのだから研修生を同行して行こうと思い立つ。彼らの喜びようは言うまでもない。

　こんなときにはすべて自腹で賄うのだ。当然のこと。まだ 20 歳代の男子で、しかも家族の期待を一身に背負って日本に来ているのだ。自分に出来ることはしていて当然だと思う。3 年の間に言葉にも習慣にも、まして宗教の違いから戸惑う日々の連続ではないかといつも励ましている。

　日本という国、そして研修で来た名古屋での思い出作りにはこの万国博は最適の場を提供してくれた。

　5 人の研修生を 3 名と 2 名に分けて二回愛知万博へ行くことになった。

　すごい人の波。会場も広くてとても全ては巡れない。

　好きな国のブースをいくつか廻る。暑さと日差の強さに悩まされなが

らそれでも4,5か国のブースに入場した。回廊のところどころで記念撮影。

　彼らの母国インドネシアの展示会場では歓声が上がる。夕方近くまでイベント会場で過ごして足を棒にして帰路に就く。さすがに帰りの車内は静か。それでもその笑顔には満足した表情が見て取れて［少しは国際貢献に寄与したのか］と心で喜ぶ。

∽∞∝∽∞∝∽∞∝∽∞∝∽∞∝∽∞∝∽∞∝∽∞∝∽∞∝∽∞∝

　この万国博はビッグイベントだったが、毎月の訪問でもいろいろと工夫をして気持ちを汲み取る努力を積み重ねた。平日の事業所訪問では時間的にも限られており、事業所の研修生担当の役員からは情報を聴取することは出来ている。

　しかし彼らの生の声はなかなか聴くことが出来にくいので休日の午後に寮を訪ねる事が大半であった。悩みはやはり言葉の障壁と時間的な制約。

　帰国後の生活の不安を口にする者もあった。確かに人口密度が高く、大家族の暮らし向きは楽ではないのだが、性格は実に明るい。

○　研修生の寮での活動

　冬場にはしゃぶしゃぶの手料理でもてなす。イスラムの世界では豚肉と飲酒は禁止されているのでしゃぶしゃぶ用の牛肉、野菜、豆腐、卵などを寮に持ち込み、彼らが日頃使用しているフライパンで作り提供する。「初めてでとても美味しい」と感歎の声を上げる。夏には冷やしうどんを作ってもてなす。それに刺激を受けて研修生の受け入れ会社の役員も自宅で日本の料理を奥様が手作りして皆が大喜びだったと訪問の際に聞いた。

　また、日本の歌、童謡・唱歌・ポピュラーソングなどを披露してそのなかの日本語を書いて意味を説明したり、ときにはインドネシアのブン

ガワンソロを一諸に歌ったり、彼らが桜の季節には桜の名所に自転車で出かけたことで日本の四季を解説するとか様々な創意工夫をして日本を知る手掛かりを与えていた。

研修生もその入国の日本の経済事情により実に多様な人生模様を描いていた。

○　研修を終えてからの人生は一体どのように変わったことだろうか。

○　故郷で家を新築すると話した若者

○　広大な農地を購入してこれから農業法人を設立してゆくのだと目を輝かせていた若者

○　特産品を世界に売る業者になる夢を描いていた若者

訪問の際にはいつも季節のフルーツを持参していた。ある研修生が母国に帰国してからも、突然事務所にメールが届いたことがあった。

[あのフルーツの美味しさが忘れられない。一度会いたい。]と。

しかし、既に帰国して新たな道を歩み始めているのだからと、ここでは敢えて返事は止めたのだった。気持ちはわかるが、やはり若者のこれからの人生のためには心を鬼にしてもこちらから返すことをしてはならないと決めたのだ。

それほどまでに思ってくれていることに胸が熱くなる。このときほど研修生のコンサルタントをしていて良かったと思ったことはない。彼の人生に幸あれと願うばかりである。

日本とは異なり平均寿命が50歳台の人が多い実情にあるとか。研修生活の途中で父親が55歳で亡くなった人もいて、しかし帰国はしないで頑張る姿にやるせない思いを抱いたこともあった。

平成4年から平成22年まで実に18年間の期間、国際研修コンサルタントとして曲がりなりにも遂行したことは今も自分の社労士としての業務の一環として強く心に数々の思い出が刻まれている。

平成22年5月に感謝状を財団から頂いた。古里の家にあるその額を見るたびに過ぎし日の記憶がよみがえる日々である。今は財団で全ての業務を遂行する形に行政が変更されたが、社労士としては、やはり自分の業務に直接関係しない業務や自分の得意分野ではなくても与えられたチャンスは出来るだけチャレンジをしていく心構えはいつの時代に於いても必要条件の一つではないだろうか。

　そうした意欲ある取り組みが自分の能力向上にもなり、また数多くの経験がそれからの自分のビジネスチャンスにもなり得ると確信している。これからこの業界で活躍する人は是非ともなにごとであれ、自分に声が掛かってきたときにはまず話を聞いてみて、やれるものなら挑戦してもらいたいものである。

幾星霜

古里への帰還

様々な出来事や思い出をかみしめながら過行く街並みを新幹線の窓越しに眺めていた。本当に長い年月をこの東海地方で過ごしたのだ。小学六年生の修学旅行でしか来たことのない土地が今や第二の自分の古里になっている。あのときはまだ蒸気機関車の煙と硬い座席の記憶しかない。伊勢神宮にその後25回も参拝に赴いている。

　自分がまだ開業していないころから社労士事業の繁盛を願い、また自分自身の健康と進捗を常に夢に描いていた。開業してからは開業の月に合わせる意味で毎年9月に内宮に参拝に訪れていた。そしてお札を新しいのに取り換えて、古いお札を収めることで一年の新たな気持ちになっていた。

　帰りにはあの伊勢うどんをいつもおかげ横丁でお土産にいくつか買い求めて職員に配るのが恒例の行事になっていた。

　もう伊勢神宮にもしばらくは来れないだろうと寂しい気持ちを抱いている。やはりこれが事務所を継承してもらったことの現れなのだと、頭では理解しているもののなんとも言えない気持ち。

　いつしか岡山駅に到着する。駅前でタクシーに。いよいよ故郷だ。40分ほどで我が家が見えてくる。初めて。ミサワホームの皆さんが待ち受けている。

　午後4時20分ごろの予定時刻に到着した。早速家に入る。いい匂い。まさに新品の物ばかり。本人だけが古びている。仕方ない。これが自分の44年間、毎月欠かすことなく積金を続けた成果なのだ。実に528回。その金額は若いときには少しだけ。しかし次第に金額を増やして一番多いときは一年間に1000万円も預けた。積金の通帳が25冊にもなっていた。窓口の係りの女性行員から個人では一番です、そっと言われたことさえある。自分でもよくぞここまで頑張ってきたものだと自負できるのではないかと思う。同じ仕事をこのとき既に44年続けてきたのだ。

通常、大卒のサラリーマンは長くても38年くらいで60歳を迎える場合が多いと言われていて、それからは定年後の再雇用期間であり、65歳までとしても43年の社会人生活なのだから、それ以上就労する場合は限られることが一般的である。

　それよりも長い職業生活の継続。自分ではいつの間にかこれほどの長期になったとしか記憶にない。ただひたすら目の前の仕事に集中してきただけなのだが結果的には44年の人生を経験したことになる。そうか、それほどまでに続けられたことは幸せなのかもしれないと思う。障壁・災難・抵抗勢力などに幾度となく遭いながらそして極め付けの一つはストーカーに遭ったこと。そのときの半年ほどの日々はこれで終わりかとも思ったが、よくぞ生きながらえたと自分に拍手を送りたい気分。

　それにしても世間には多種多様な人が存在する。しかもいままで普通に付き合いをしてきた人が或る日突然に豹変することさえあるのだから。

　新聞の三面記事を賑わす出来事の多くはそうしたことの表れではないのだろうか。

　社労士という職業は常に人と企業が相手。信頼を覆されたり、懇願されたり、また相手が突然姿を消したりと実にさまざまな人間模様を垣間見るのだ。

　この44年で一体何人の人が社労士の門を叩いて、或いは職員として来ていたことだろう。大まかにみても自分の周囲だけでも100人は下らない。実にいろいろな事由により途上で退いたり転職したり、なかには亡くなった人も何人もいたのだ。

　万感の思いで古里の新居を眺めていた。

　ミサワホームの各セクション担当の説明を一通り受けて皆さんが帰られる。新居の夜を迎える。明日の午前中には名古屋で引越し業者に依頼した荷物がこの地域の営業所に受け継がれて届けられる。なにか興奮の

あまり酒で紛らせて眠りについた。翌日 10 時過ぎには荷物が運び込まれた。アート引越センターはさすがに手早い。つぎつぎと室内に。あらかじめ指定していた部屋に想定どおりに物が置かれてゆく。細かい作業は自分で済ませてなんとか部屋が片付いた。

　二階の部屋から周囲を眺める。東には瀬戸内海の海が拡がる。

　小豆島・豊島が見える。海上には白い船がゆっくりと進んでいる風景。絵はがきを見ているよう。北には懐かしい古里の山々。西に目を移すと岡山県の南部では一番高い「金甲山」。そうだ、この山の名前がまさに自分のこれまでの運命的な出会いの象徴なのだと思う。

　初めて社労士の事務所、当時はまだ労務管理士の名前の時代で、昭和 43 年 8 月 28 日に就職した事務所の所長の名前が　　［甲田　一己］

　　　最後に自分の事務所を継承した彼が　　　　　［金田　一利］

　　　そして自分が生まれた土地の名前が　　　　　［山田］

　　　この頭文字を合わせると　なんと　　　　　　［金甲山］

　実におもしろい。そして偶然としてはとても不思議な気がするのだ。

　やはり生まれながらにしてこのような人と巡り合い関わりが出来て人生を形成してきたのかと考えないではいられない。［人の世は出会いと別れのリフレイン］とよく言われる。まさに、まさに自分の人生もその如し。

　故郷に帰還し、今この金甲山の 50 年前と変わらない雄姿を眺めながら過ぎし日々を回顧する。人生行路は振り返ればまさにあっという間のようにも思われる。

　20 代、30 代そして 60 台まで自分の人生は多様な変化の継続であったがこれは誰しも当てはまることなのだろう。その強弱は別にして、本当に人の歩む道程は自分の思い通りにはならないことばかり。どうしてこうなのだといつも思い嘆き悔しがることも数知れず。しかしやがて人

は何らかの形を作り上げてゆく。やがてこんなものかもしれないと自分で自分に問うのではないだろうか。

　小学生の同級生が同窓会を開催してくれると話があった。5年と6年の担任そして1年生の担任の二人の恩師が健在で出席していただくという。

　逢いたい、是非とも。あの5年、6年の長谷川先生には是非逢いたい。すぐに返事を出した。

　瀬戸内海沿岸でこの玉野ではよく知られている「瀬戸内マリンホテル」で4月の初め。懐かしい顔ぶれと思いきや全然。誰が誰かわからない。55名ほどの卒業生のうちで出席者は22名。やはり時の流れを感じざるを得ない。面影が残る者、全然風貌が違う者。こちらのほうがはるかに多い。

　それはそうだ。昭和32年卒業で既に60年近い歳月が流れている。

　恩師二人も別人のようになっている。同級生の話によるとこのお二人以外の教えを受けた先生は皆さんが既に他界されている。中学生の3年間にお世話になった先生方も健在の人はいないのだと初めて知る。中学卒業が15歳で既に52年の年月が過ぎ去っているのだ。改めて歳月の経過を知る思い。

　次第に打ち解けて思い出話に花が咲く。しかしこれほどまでに顔が、体形が変わるものなのか。声を手掛かりにしても全然わからない。

　小学校1年の担任の女性の先生の言葉が身に染みわたる。

　《皆さんそれぞれにご自分の人生を歩まれてこられたのですよ。》

　まさに言い得て妙。名言だ。その顔が物語っているではないか。一番お会いしたいと思っていた5年と6年の担任の長谷川先生。今はご養子先の前川先生。28歳の頃に一度再会しているがそのときとは雰囲気も顔形がまるで違う。40年以上にもなるのだ。小学校卒業以来、毎年、年賀状を頂いていてそのやり取りが40年にもなっていたのだが自分が

60歳に到達したのを最後にここしばらくは消息が途絶えていた。こうして久し振りにお目にかかり懐かしさでたまらない。

「先生、お久し振りです。ぜひお会いしたいと来ました。」

「一度会ったことがあるなあ。」との一言。

こちらからしきりに話し掛けてもなにか元気がない。どうしたのだろうか。ほかの同級生に聞いても「顔が変わってしまわれたようだ。」との声。

あれほど元気に我々を育ててくれた先生。大学卒業後初めての赴任先の学校が我々の母校だったのだ。中学生になってもしばしば所用で訪問され、そのときにはいつも「元気でやっとるか。」と一声を掛けてくれた先生。いつも爽やかで元気をもらう気持ちになれた先生の存在。しかしきょうはまるで別人のように言葉が少ない。

なんだろうと思いながらも同級生との懇親を深めた。二次会の席には先生の姿はない。早く帰られた様子。残念だが仕方のない。次回は3年後の開催となる。帰りの送迎バスの車内で、ライバルだったクラスメートと少し話をした。なんでも体の調子がよくないとか。そしてこの50年以上の歳月の流れが彼の運命を変えていることを知る。小学生時代には羨ましいほどの恵まれた環境のなかで育っていたのだが父親の病気の看病やいろいろな苦難に遭い大変であったらしいのだ。誰しも様々な出来事を体験してきている。それがまさに人生ドラマなのだ。

今は新潟の大学で教鞭をとる身だとか。70歳までは頑張らなければならないと話してくれた。新潟からわざわざ出てきている。さすがに体系はオジサンだが、色白の顔にはやはりお坊ちゃまの面影が残る。クラスメートのひとりひとりが人生を顔に滲ませている。出席して良かった。次回も必ず出ようと感じた同窓会だった。

翌日のこと。都合により出席しなかった近所に住む同級生のところに

電話があったのだ。「若けえと話とったぞ。」との声。自分自身も、同級生の変わり過ぎた姿に唖然としたのだから、そう思われるのも無理はないと感じていた。自分では苦労の連続の人生模様を歩んできたと考えていたのだが、それほど表情には出ていなかったのかも知れない。常に前を向いてひたすら歩み続けたことが結果的には良かったのかとも思う。両親が最後に息をひきとる姿は見ることができなかったが、これから精一杯の供養をすれば許してもらえるのかもしれないと今は自分でそう信じたい想いなのだから。

　帰省して二年目の春はこうして過ぎて行き夏場を迎えるころには、やっと落ち着いて自分をこの古里の地に根づかせなければと強く意識するようになった。

　それは毎晩のように見る夢に名古屋時代の仕事・出来事・知人・友人などが表れていたことに悩み、どのようにすればいいのかと思案していたことの決意表明でもあった。やはり40年以上にわたる名古屋での暮らしはそう簡単に頭から消えてはいないのだった。来る日も来る日も夜寝ると夢に現れるには自分が長年従事していた業務のことばかり。朝方目を覚まして夢だったのかと。

　あそこの事業所の算定基礎届がまだ出来ていない。きょうは資料を頂きにいかなければとか、労働保険料の振り込みがされていないところに督促しないといけないのだとか。ハッと目覚めてもうしなくていいのだと気づくこともしばしば。

　毎月の給与計算のこともよく夢に出てきた。それだけ頭の片隅にあったのだろう。

　また、そうそう、あそこは駅前の道を右折して行き、それからあの会社に寄ろう、そうすれば今日は時間的に余裕が出来るぞといつも名古屋の道路が浮かんでいた。

しばらく岐阜には行っていないので名鉄電車で出かけようかとか、伊勢神宮にも行かなければとか、実に様々な夢を見ていた。

　それはそうだろうと自分なりに思う。人生のほとんどの出来事はこの東海地方でのことなのだからと。しかし、こう毎日のように自分が現役で毎日こなしていた仕事の夢ばかりではやりきれない。自分の記憶は仕方ないにしても環境が変化しているのだから今の状況に自分を変えなければならないのだと痛感する。

　そうはいっても現実にはなかなか変えられない日々が続いた。瀬戸内海を眺めながらのウオーキングや散歩、そして海沿いの道路を車で古里の自然美を堪能しながらのドライブ。地元の名所である後楽園の散策、岡山城の天守閣での市内の展望。

　また小学生時代に遠足で訪れたことのある倉敷の大原美術館へも足を延ばしてみた。

　特に大原では自分の記憶に古里の名画として強く刻まれていたセガンティーニの前に立つことを最も楽しみにしていた。

〔　アルプスの真昼　〕

　この繊細で色彩の細かい描写に再び会えた。

　オーストリアの農民出身でアルプスをこよなく愛し作品の主要な絵画の題材とした画家。大原美術館ではエル・グレコの「受胎告知」があまりにも有名であるが自分のなかではこの作品なのだ。

　さすがに時の流れで館内はかなり改装されているが、あのイオニア式の円柱に代表される外観は50年以上の時が経過していても変わらぬ雄姿を見せてくれる。

　そして名画は当時のまま。いかに粛々と管理されてきているかがよく解かる。そうなのだ。絵画の価値はその維持・管理さえなされていれば

いつの時代にも人々の心のよりどころになるのだから。大原美術館で絵画の再会を果たして大原財閥の構築した施設をひととおり回覧した。6月のやや暑さを感じ始める頃。緑の川沿いの道を散策する。

　倉敷のこの界隈も50年前の記憶に残る時代とは様変わりしている。岡山を代表する観光地となりいわば人口に膾炙してしまったとも思われる。ただ大原美術館だけはそれでも凛として静寂のなかに存在感を誇示している。いつまでもこのたたずまいは維持してほしいと思う。

　6月にはもう一カ所の同じ倉敷市で市街地とは離れた場所にある野崎邸を訪ねる。

　瀬戸大橋の開通でこの児島地区もすっかり街並みが市街化している。同窓会で訪れた瀬戸内マリンホテルと渋川海水浴場を左手に眺めながら、途中で王子が岳の下で瀬戸内と遠くに臨める瀬戸大橋を望む。頭上にはハングライダーの舞う姿がいくつも見える。気持ち良さそう。

　野崎邸はさすがに塩田開発で財を成したことを裏付けるように往年の豪商の面影をそこここに点在する意匠を凝らした建物となっていた。そうなのだ、昔、まだ幼い頃に父が塩入式の塩田の浜に従事していた頃、何度か砂を集めていた作業を思い出す。

　懐かしい、そして炎天下の過酷な仕事に従事していた人びとを頭に浮かべる。

　道具・食事場・風呂場などの展示。そういえば幼い頃五右衛門風呂に入ったこともある。全ての物が昔日の遠景に流れている。明治時代の人の生きざま。日本の近代化に精魂を注入していた世の中を生き抜いた人びと。よく明治生まれは強いといわれるのだが、この場所にはその年代の息吹きが溢れているようにも感じられた。

　大原美術館の大原孫三郎といい、またこの児島味野の地に天保の時代から屋敷を構築した野崎武佐衛門といい、時代の先駆者となる人物は常

に先の時代を読み解く力を備え、また後世に継承される遺構を残すことにより人の潜在能力を高める手法を考えていたことだろう。なにかこの年になっても出来るものがあるのではないかと新たな自分の姿を描いていた。

※金甲山は岡山県南部の最高峰で403,3m。伝説によれば、坂上田村麻呂が近隣の由加山の鬼退治にむかう時に戦勝祈願で金の甲を山中に埋めた言い伝えに由来しています。

幾星霜

社会保険労務士としての存在意義と役割

最後の稿として現在の社会保険労務士としての自分の担う事柄・業界の現状から今後のあるべき姿などについての私見を記すことをご容赦願いたいと思うとともに諸々の事象についても触れてみたい。

1　岡山県会に移籍して感じたこと

○　平成24年に帰省して当初は自分自身では社労士としての活動はもうしない。

　あらゆる事を体験し業務に関しても、もうこれ以上はやれない、またやる気も起きない。しかしまだ70歳前で無職では世間体にも良くないと考えられると心が揺れ動いていた。

　帰省して最初に自宅の訪問者であった地元の信用金庫の支店長からも、ぜひ今までの豊富な経験を活かしてほしいと要請を受け、すぐに岡山市内の店舗の一角を貸してくれる話まで頂いたこともあり、それなら今すぐにはやる気にはならないが少し落ち着いたところでやはり地元の岡山県会には所属して末端でなにかのお手伝いでもしてみようかとの自分なりの結論に至った。業務は既にする意思がない。それは当然のこと。これまで実に44年もの間、仕事を通して人間関係の喜怒哀楽・栄枯盛衰・軋轢・憎悪・別離・出会い・逝去・誕生・疾病・災害など社労士ならではの人生模様をいやというほど見てきたのだ。しなくてもいい経験までもしたのだからこうした気持ちになるのは当然の帰結ともいえなくもない。

　帰省して岡山県会を訪れる。愛知県会とはあまりにも会員数が異なるのに驚く。

　約500名と3000名ほどの差異。いろいろな面でいわば面食らうことばかり。

　今まで愛知では10支部のなかの名古屋西支部に所属していて支部

会員も 250 名はいたと思うのだが、その活動も非常に多岐にわたり実に様々なことを経験してきただけに県会が異なることでこのような差があるのだと改めて知ることになった。

　帰省した当初はまだ愛知県会に所属していたのだが 2 年目にやはり所属変更をしなければと岡山県会にとりあえず入会だけは済ませておいた。そして渡された会則と付則の編綴を受領する。このときにはまだその中身は見ないで机の傍らに保管していた。岡山県会の入会は平成 25 年 1 月 1 日となった。この時点ではまだ古里での新しい生活のスタートに充分根をおろした気持ちにはなれていなかったので 5 年毎に受講が義務付けられている［倫理研修］を一年後に延期してもらうようにお願いをした。自分の古里ではあるが、人生の再スタートを開始したにもかかわらず精神的な不安とすっかり変貌した周囲の環境に自分の頭が混乱していて毎日の生活での出来事や旧友・姉妹・親族などとの交流により少しづつ記憶と現実とギャップの落差を埋め戻している日々の繰り返しのであったのだ。

　次の年、平成 26 年の初めに延期していた［倫理研修］を受講することとなる。

　それまでには自分の記憶を呼び戻さなければ示しが付かないではないかと考えて岡山市内の比較的大型の書店で基礎的な社労士業務の参考書を 2 冊購入して初心に帰った心で読み解いてゆく。

　一冊はあの毎年、年末の前に［今年の漢字］の発表で有名な出版社の入門書。

　もう一冊は社労士受験では著名な会社の受験のためのまとめたテキスト。

　この 2 つを熟読すれば昔日の記憶が蘇るとともに新たな項目も学習することになると考えて老体に鞭打つ気持ちで毎日少しづつ読破して

いった。

　さすがに忘れていること、新規に成立あるいは改定がなされた項目も
いくつかありやはり独学ではあるが2回ほど読んでみて良かったと少し
安堵した。

　まさに60の手習い。この年でもう一度こうして毎日机に向かうこと
になるとは思いもしなかったこと。しかし年を忘れて昔、自分がこのよ
うであったのかと振り返る気持ちになるとなんだか将来の夢に向かい歩
んでいた情熱が再度沸々と湧いてくるようにも思える。

　やはり人は幾つ齢を重ねても学びの精神は持ち続けなければならない
のだ。

　この基礎的な知識の再確認をすることと共に平成26年2月に受講す
ることになる。

　倫理研修の予想問題が平成25年8月の月刊社会保険労務士のなかに
掲載された。

　これはもう一度、社会保険労務士法と所属する岡山県会の会則と付
則・諸規定集を見ておかなければならないと考えて入会の際に受領して
いて、その後は読んでいなかったことを反省して会則から読んでみる。

　会則はどの県会も内容は大差ない。その規定のなかでなにか変な感じ
を抱いた。

　[あれ??　この規定はなんだろう]といくつかの項目で不審な箇所が
ある。

　再度見直すが

　　　[　やはり変だ、これはどう見てもおかしいのではないか　]
と感じないではいられない。そして諸規定集も再度見直してゆくとやは
りおかしい。しかし、長年これを入会者には渡しているのだ。しかも規
定のそれぞれの改定も何度かなされている記載があるではないか。

［どうして改定の際にも不備ではないかと思われる箇所の修正がなされてこなかったのだろう。従事した人は幾人もいたと想定されるのに］と不思議に気になる。

　三度目には逐一、文字と文章そして構成などを詳細に読み解いていった。

　結果的には 10 箇所以上がおかしいと感じたのだ。これはどうすればいいのか。

　このまま放置すべきではないのではないかとしばらく思い悩んだ。岡山県会に所属変更したばかりの身。末端の会員がいきなり申し出ていいものだろうか。しかし、このままにしておけば、依然としてこの規定集が新規の入会者には渡されることになるのだ。やはり意を決して言わなければと心に決める。

　そうだ、若い 25 歳の時にも傷病手当金と老齢年金の法の不備を 2 年も年数を費やして改正までこぎつけたではないか。やらなければといつもの自分の意志に戻る。

　実はこの時期には自分が再度、基礎的実務のテキストを 2 冊読み続けていて、そのなかの一冊にも 7 か所ほどの修正が必要とみなされる誤りを見つけていて、その出版社宛てに照会文を送付したところであったのだ。やはり長年自分が従事してきた業務に関しては、一読すればなんとなくこれはおかしいと感じることが自然に体得しているのではないかとも思われる。これはまさに習うより慣れろの教えの通り。

　そしてこの会社からはその後いくら待っても照会した事項についてなんら回答もなければ無視されたのではないかと思えるばかり。一読者の質問などは受け付けないのか。はたまた、この書は各項目ごとに著者が異なり、そのために会社としては回答に苦慮しているのか、またはその指摘事項の著者の返答がなされないために放置しているのかとも思われる。または次回の改定版で手直しをすることでよしとするつもりなのか

とも想定される。いずれにしてもこの実務書の不備を指摘出来たことは自分なりに納めることにした。

　しかし、会則はそうはいかない。岡山県会宛てに文書で該当する箇所を指摘して送付する予定にしていたが、やはり持参して［会則と諸規定集の不備ではないかと思われる事項］を直接話しておかなければことは進まないのではないかと考慮して持参した。時に平成26年1月のこと。この年の2月には倫理研修があるのでそれまでには会長の目にも止まり、何らかの回答がなされるものと期待していた。

　そして倫理研修の当日。最初に会長の挨拶がある。そのなかでこの会則などの改定にはなにも話がない。どうしたのか。事務局長は会長には渡しておいたと話したではないか。

　当日、数名ずつのグループで先に提起されていた倫理研修の設問に対する回答を立ち上げることとなる。その席の参加者にも、会則とか諸規定の不備について少し話してみるが、［そうなんですか、あまり見ていないのでわからないで、そのままなのではないか。」との返事。これではどうもスムースには改定されないのではないかと若干心配になる。

　しばらく静観してみよう、その後何らかの返答がなされるはずだからと数カ月経過。一向に動きがないまま、隔月で送られてくる県の会報や研修案内はあるがいずれにもこのことは触れられていない。その間にも新規の入会者の名簿は送付されていて、この方々にも自分の時と同様の諸規定集の綴りが手渡しされているのかと思うと不信感が芽生えてきた。

　愛知県会で副会長も経験したことのある友人にもこのことを話して意見を聞く。
「それぞれの思惑があり、なかなか進まないのではないとも考えられる。」と電話でのやりとりにそうかもしれないと納得するがなにか気持ちに引っかかるものが残る。そして半年後に一度事務局に電話してみた。

「あの県の諸規定の改定は進んでいるのでしょうか。」と聴く。

　事務局長からの返事は

「やっていると思いますよ。すぐに担当者に連絡しましたから。」
と回答があるが、それにしては時間がかかりすぎではないのかと思案する。

　それからも毎月のように連絡なり回答の文書が届くのではないかと待ち続けていた。

　その年の暮れにはなにかわからない異様な怪文書ではないかとも思われる不思議な封書が翌年早々と2回届いた。おかしい、このようなものは何だろう。

　そして再度事務局長にこの文書も含めて聞いてみると、まるで他人事のような言葉が返ってくる。

　何度となく自問自答した。[自分自身は既に社労士業の第一線から半ばリタイアしている気持ちなのだ。もういいではないのか。直接的にはなにも不都合なことはないのだから。いつかは誰かが声を出して解決してくれることもあり得るのだから。]と思う半面、[いやそれはいつになるかわからないのだ、しかも常に新規の入会者があるのだから、これからの社労士として岡山県会に登録してこの士業を継続していく人びとのためにも放置してはいけない。やらなければ。]と改めて気持ちをハイにする。

　この年、平成27年には想定していた役員改選で新しい会長が選任されたことを地元の山陽新聞の記事で知る。若くてなかなかの好印象の顔。役員も改選されている。

　これならば必ず実行してくれるのではないかと期待を抱く。しかし、まだ就任したばかり。いろいろとするべきことがあるだろうとしばらくは静観することに決めた。

6月の社労士会の総会から3カ月以上経過した頃に、最初から出直すつもりで会長宛てに今までの経緯と再度の要請書を送付する。そして1週間過ぎても返答がない。

　もうだめかもしれないとタカをくくることにしなければと半ば諦めかけいた。10日以上過ぎた日の午後に突然、会長からの電話がある。

　その話によると、県社労士会に届いていたが会長の手元に渡るまでにこれほどの日数がかかっていたとのこと。[　エエー?? ??　会長の事務所は大供に所在しており事務局とは歩いても20分ぐらいの距離ではないのか。自分自身も最初に県の社労士会を訪問した際の所在の場所を岡山駅から道を間違えてしまって、あの大供あたりの交差点まで歩いたのだ。その道なのだからそれほど遠方ではないと思うのだが、どうしてこんなにも日数がかかるのか理解しがたい。今の時代にいくら都市部と地方の差異はあってもおかしい、と感じていた。しかし、なにはともあれ、とにかくやっとこの案件が県本部の理事会で審議されることに安堵したのだった。これでやっと胸のつかえていたものがなくなる。しかし、この約2年近くも悩まされたことはなんだったのだろう。

　誰かがやらなければならないことに正面から対峙しない前会長や事務局長にはやるせない思いが込み上げてきた。そして自らはこの事案には当初は関係していないと想定されるものの決意して取り上げてくれた新会長の覇気には敬意を払う思いだった。

　平成27年12月25日のことはおそらく自分の社労士としての最終ページの章で忘れられない日として記されることになる。

　その前の12月23日の出来事は今から思い出してみると予兆ではないかとも考えられるのだ。この日はちょうど天皇誕生日で祝日。この日は冬の冷たい小雨が一日中降り続いていた。午後3時を少し過ぎた頃のこと。

自宅の1階のリビングから突然大きな鳥が空を下降してきて北の方角に飛び去る姿が次々と見える。［これはなんだろう］と不思議に思い見ていると次第にその数が増えてくる。すぐに2階のベランダに移動して空を見ると、かなり高い上空におびただしい黒い鳥が南の方角から北の方向に向けて飛んでいるではないか‼

　しかも次々と鳥の集団での飛行するのが目撃される。一組の群れだけでも50羽以上それがまるで春先の北への旅立ちとも錯覚するほど。

　その場を離れることも出来なくて、ただ一人で見ていた。20分以上は続いた。

　一体どのくらいの鳥の数であったのか。自分なりに推定してみても2000羽は下るまいと思う。こんなことは初めて。なんだろうといぶかしく思い、その後にだれか同じ光景を目撃した人を探してみるが誰もいない。しかも天皇誕生日で休みの雨の日のこと。新聞にもテレビ、ラジオ、インターネットでも触れていない。自分の思い込みでは決してない。実に不思議なこととその後も忘れられないでいた。そして3月の熊本地震。丁度、鳥が飛来してきた方角なのだ。瀬戸内海の四国の方向から飛んできていた。これの予兆だったのかと地震のニュースを見ていて思い出した。そしてその後の天皇陛下の生前退位の報道。当初はこの天皇誕生日の前後を予定されていたとか。

　まさにこの二つのことがあの時の光景に重なる。

　そういえば、名古屋に住んでいたときにもマンションの部屋から眺めていた夕焼けの雲の異常なまでの赤い色が一週間以上も続いた後であの東日本大震災があったのだ。なにか不思議な自然災害の出来事。

　その直後の12月25日には、岡山県の社労士会では自分の提起した諸規定の改定が理事会で可決されたと会長からの文書があり、また愛知県会ではある社会保険労務士のブログ問題でこの社労士の処分が可決さ

れて、これはNHKの夜7時の全国ニュースでも大きく報道され、その後の各報道機関でも取りざたされて全国社会保険労務士連合会本部でも大変な問題となり、今でも各社労士に対して厳正に対処すべき事項として冊子が配布されている。

　この社労士のことでは自分もある出来事を記憶していた。

　平成13年10月に「個別労働関係紛争の解決の促進に関する法律」が施行されて、その後平成16年12月には「裁判外紛争解決手続の利用の促進に関する法律」通称〔ＡＤＲ法〕」が公布された。このことにより社会保険労務士が裁判外における労働紛争解決の担い手としての関与する気運が高まり、平成17年の愛知県会に於いては「職場のトラブル相談ハンドブック」を編纂し刊行する動きがあった。このとき県下10支部から10名の執筆者を選ぶことになった。自分自身も西支部での活動や本会での各部会の実績によりその中に参画した。発売をした同書が当初の予想よりも多く反響を得て2度の再販に至った。

　このことがあった直後に、彼は別の出版社からわれわれ社労士から見てもなにか異質な感じを抱かざるを得ないような内容の書を著作して発行することを繰り返すようになった。

　同じ支部でもあり、彼が別の支部から移籍したころに一度は話をしたことがあるが、持論を展開する持ち主のように感じられたので以後は交流することはなかったのだがこのような動きに対して県会としてもその著書を目にしている会員もいたことだろうと思うと、もしもそのときに何らかの対応をしていれば今回のような事態は防止出来たのではないかとも考えられる。

　今回の岡山県会の対処についてはやや事態の向き合うことの時間的な遅れがあったことは否めないと思われるがこの問題の社労士の事案とリンクして考えるとなにかホッと胸をなでおろす気持ちにさえなるばかり

である。

《 過ちては即ち改むるに憚ることなかれ　　孔子 》

　平成 27 年の年の初めに今回岡山県会で自分の提議が理事会で採決されたことの謝意を示し併せて今後の県会への期待もあり一度会長に面談したいとの思いから会長の事務所を訪問した。事前の連絡もなしに突然の訪問にもかかわらずちょうど事務所におられて話をすることが出来た。

　想像していたよりも気さくな方で今後の方向性も確かな信念と情熱を保持している姿に信頼感を抱いた。自分自身の一方的な話にも耳を傾けてお聞きいただいたことにも人柄の良さを感じられて安堵して帰宅した。

　その際に新入会員の歓迎する会に来られてはとの話を頂いて急遽参加することになった。自分自身は愛知県会でもこのような会には出席したことはなく長年の経験でそのような会合は最初から敬遠してきたのだが、初めて出てみてなるほどこのように新人に対する社労士会のＰＲがなされているのかと再認識した。これから社労士の業界で自分の人生を構築していくのだ、どのようなそれぞれの道を歩むのかと自分自身が歩いてきた道とオーバーラップさせていた。

　4 月の初めに再び小学生時代の同級生の同窓会が前回と同じ瀬戸内マリンホテルで開催されることになった。今回はあの前川先生とじっくり話が出来ると楽しみにしていた。会の直前に主催者の同級生が訪ねてくれて、そのときに前川先生が昨年の 11 月 9 日に急逝されたと教えてくれた。

　余りのショックに一瞬、声が出ない。80 歳を過ぎてはいたが元気そうな様子でどうしてと思ってしまう。なんでもかなり以前から腎臓の状態が良くなくて通院されていたとか。

　それでなんとなく話が少なく以前の顔つきとは変わられていたのかと初めて気が付く。それにしても、もう少しでも持ち直して再度お会いし

たかった。

　そうだ同窓会までに自宅に伺って最後の様子を聞いて皆に報告しなければと２日後に自宅に向かった。

　いつものように児島の街に近づくと瀬戸大橋が紺青の海を背にして遠景を写し出している。日本で初めて国立公園に指定され瀬戸内海。この風景を先生と共に眺めることが出来ていたならとなにかたまらなく寂寥感に襲われる。

　自宅は間もなくわかった。貸駐車場も所有していて３階建ての住居とそばに平屋の住居もある。立派な住いで先生も幸せな人生でなかったかと思われるのだ。

　奥様から先生の仏壇のある部屋に案内された。遺影の前に座って合掌した。さすがに昔とは違うがどこかに先生の面影が残っている。

　奥様から生前のことをいろいろと伺うことが出来た。先生も我々を教えた以後直ぐにこの児島の地で生涯を教育者として歩まれたこと、またご子息お二人も同じ道に進まれて、校長と教頭になられていること、また最後の日は余りにも突然であったことで、少し調子がよくないので入院されて間もなくのことであったとか。

　生前にはよく［もうやることはすべてやり遂げた。］と話されていた様子などを聴くことが出来た。そうなのか、それで、その想いで旅立たれたのかと感慨に耽る。

　幼い頃には、生まれ故郷の香川県の善通寺が遊び場でいつも境内で過ごされていたことも話された。

　初めての赴任地の我々の小学校ではよく自分の宿舎に自転車で連れて行ってくれて先生と雑談をしたり、いろいろな我々のことを聞いてくれた思い出が今も蘇る。実に気さくに対座してくれたのだ。

　同窓会の席で出席したクラスメートにこの先生の奥様に伺ったことを

書いた文を配布した。そのときに出席していただいた米寿になられる女性の恩師から突然写真を見せられる。懐かしい小学校の卒業式のときの写真。自分の手元にはないもので、あまりにも懐かしい。先生にお願いしてみると、お譲りくださるとのこと。

これほど嬉しいものはない。来て良かった。おそらく古里の自宅には保存していたと思われるのだが今回の我が家の新築の際に行方が分からなくなってしまった。

諦めていた写真が自分の手にある。前川先生の若い姿のそばに幼い自分の顔が。

なんとも言えない感激にむせぶ思いがするのだ。既に60年もの歳月が流れた今でも先生の声がするのではないかと感じられる。生涯でも実に大切な写真の一枚に。

二回目の出席となった同窓会は少し参加者が少なくなったが前回に来ていない同級生とも実に50年以上も時が経過した再会となった。それぞれが様々な人生を経ている。顔も体形も豹変している人が殆どなのだ。米寿を迎えた女性の恩師の言葉がそのすべてを物語る。「それぞれの人生を歩まれて今ここにいてくださるのね。」悲しいかな、もう一人の前川先生の姿がない。これもまた人生の一コマなのだ。

瀬戸の海は今日も穏やかに島々を投影している。2年後の再会を約した。

瀬戸内マリンホテルは連休で家族ずれも多く、他県ナンバーの車が列をなして留まっている。若い家族連れに改めて自分たちの世代を意識した一日だった。

この年の6月、岡山県会の総会に初めて出席してみる。今までの愛知県会は会員の人員が3000名以上であることにより総会は代議員制が採られていて支部ごとの代議員での会を経験していた。所属するところにより運営方法も異なるのが初めて実体験でわかる。

会場に入るが出席者があまりにも少ないのには少々驚いた。部会もかなり開催されていて、いわばその結実の場でもあり得るのだから、それぞれの部会の代表または主催する会員は出てこないのはなぜなのだろうと訝しく思った。

　来賓は県の行政担当幹部・関連士業の会長・代議士などがひな壇に並んでいるのだから会員は会場を埋め尽くすほどであると雰囲気もかなり変わるのではと思われる。

　会員の顔が会場にあふれるばかりな盛況に変革してもらいたいものだと痛感した。

　少し考え方や方向性を見直すことで変えられるのではないだろうか。あと２年後には社会保険労務士制度制定50周年となるのだから、先鞭をつけることも必要であると思われる。なんといっても自分の人生の大半を過ごした業務なのだから業界の進展を望まないわけにはいかないのだ。

　総会後の岡山県会の会報に自分の書いた「社労士　処世訓」が掲載された。

　そのときに、そうだ、一度愛知県会の旧友に連絡してみようと考えた。今回の社労士のブログ問題を引き起こした愛知県会はその後どのように推移しているのだろう。自分が人生の大半を過ごした県会なので、やはり気になるのだ。

　旧友に電話してみることに。どうも相互不信の様相を呈していて、会とは一線を隔して自分の業務に専念している会員が多いと話してくれた。予想どうりの事。

　県会でも著名な会員の多くは今回の一会員のブログ問題では県会始まって以来の不祥事であり、やはり肩身の狭い思いをしていることは否めない。自分の事務所の後継者や知り合いの会員のほとんどがこのような対応をとっている様子なのだ。

仕方ない、時の流れと、騒動の収束を我慢して待つしか有効な方策がないのかもしれない。元気づけるために2、3の旧知の会員に岡山の特産品の［清水白桃］を送った。3000人以上の会員を有するのだから、そのうちに新たな展開が開かれてもう一度優れ者が数多く輩出してもらいたいと願うばかりである。

　平成28年の暮れ近くに小学校の恩師の古里へ行くことに決めた。84歳の生涯の前川先生の命日の11月9日に初めて香川県の善通寺へ参詣した。

　少し肌寒い晩秋の日。初めて瀬戸大橋をJRで渡る。すごい。建設されて既に25年の月日が経過しているとは思われないほどの頑健そのもの。

　岡山県の児島から香川県の坂出まで。対岸の香川県のほうがすごく企業誘致に成功していて、まるで新興工業地帯の様相を呈している。宇多津や丸亀辺りは東海地方の工業地帯と遜色がないほど。埋め立てて沿岸に広がる工業団地の波。

　当時のそれぞれの行政と民間業者団体の勢力分布が垣間見てとれるほど。

　友人が話していた通りで児島側は出遅れたのではないかと思われる。時の経過にはJRの駅舎でも反映されている。香川県側のホームは名古屋近郊でいつも眺めていた駅と変わらない光景に、ここはもしかして東海や近畿の都市部ではないかと見間違うほどによく似ている。25年の間にこれほどの進化を遂げているのだ。

　善通寺までは直行で、讃岐平野が丸亀を通過したあたりから、やっと見えてきた。

　小高い山か丘なのかと見間違えるほど高さ。ここに来て初めて香川県にいるのだと感じた。

　善通寺は小規模の駅。しかし、四国八十八か所の札所で弘法大師様の

生誕地。趣がある。駅からはタクシーに乗る。乗務員の親切な応対にさすがに人の心を和ませるものがある。日頃から訪れる人びとの気持ちをよく汲み取っているのだろう。なにか帰省して感じることの少なかったものに触れたのではないかと一度に好印象を抱く。すぐに到着する。正面に立つ。これはどこかにとてもよく似ている。そうだ、あの奈良の唐招提寺の入り口と酷似している。なにか懐かしさが込み上げてくる。

10数年参詣したあの佇まいと正面は同じではないかとさえ思うほど。

境内も広大で、さすがに歴史を物語っている。入り口からすぐに目に入る塔。実に壮麗で偉大な造形美を醸し出している。立ちどころに圧倒される眺め。

この境内で前川先生は幼少期を過ごされたのだ。タクシーの乗務員が「善通寺はここらの子供のみんなの遊び場ですよ。ここで大きくなるまで過ごすので。」と言っていた通りの場所。広い、そして伸びやかな木々。気持ちまでおおらかに。

少し肌寒いが大勢の人。外国人の一団にも出会う。観光バスが駐車場に何台も。

さすがに著名な寺院ならでは。ここにこれからも一年に一度は参拝に訪れようと心に決める。やはり先生が、その姿を見ることが出来るように感じたのかとも。

帰りにタクシーの運転手が地元の人がよく食べにくるといううどん屋を教えてくれた。冷えた体に讃岐うどんが染みてゆく。うまい。今までこんなにおいしいのは食べたことはないくらい。さすがに地元。元来あまり口にしていなかったうどんの美味しさ。この時以来、寒い日には必ず「讃岐うどん」が頭に浮かぶのは実におもしろい。帰りのJRの電車の席では、隣の人から魚の匂いが漂っていた。

瀬戸大橋の雄大さと善通寺の荘厳な佇まいに魅せられた一日だった。

年が変わり平成 29 年の 1 月 9 日に父の七回忌の法要を自宅で簡素に行う。三回忌のときには姉妹の殆どが揃ったのだが、今回は、すぐ上の姉と妹とその子そして自分を含めて 4 名にする。既に他の姉たちは高齢でもあり、墓地の坂道を上り降りすることが大変であることと、毎年春と秋の彼岸そしてお盆に来てくれている姉妹だけにしたのだ。次第に歳を重ねていて、この次の 13 回忌には参加できる者も限られると想定されるので今回が姉妹で揃うのも最後になることも考慮しておかなければならない。土地柄なのか、名古屋とは異なり、ここ岡山はこのような法事とか供養はそれほど気にしていない人も多いと聞いて、そんなものかとも思うのだが、父は享年 105 歳の長寿を全うしたので、やはり息子としての役割は出来るだけ果たしていかなければならないといつも思うのだが、やはり姉妹は他家に嫁いだ身でもあり、世話を掛けるわけにはいかない。

　三回忌の際には通常の場合と同様の祭壇を仏壇とは別に仕立て、様々な父が購入していた仏具が並べられたのだが、一人ではとても出来そうもないので、こちらでは著名な会社の担当者で地元の寺院の出でも或る人に相談して仏壇をいつもよりもきれいに整備して傍らに花と供え物を並べて形を整えてすることでどうにか法事らしくなった。そして善通寺に赴いた際に境内の売店で購入しておいた線香と薬膳茶を用意する。女性は細かいところを気にするのでこういう配慮には必ず気付くのだ。法事は無事に終了。法事では最後に会食をすることになっているのが通例だが今回は姉妹だけで七回忌なので簡素にしてお茶を飲むことで終わりにした。

　生前、父は何事にも先駆的で合理的考え方の持ち主であったため、この判断は了解してくれているものと思う。供養が充分に出来ればそれでいいのだと話してくれている気さえする。

何はともあれ、この数年の自分の念願が叶いこれでしばらくは静かな生活に戻ればいいのではないかと感じていた。

　この年の前年に岡山県会の総会が終わってしばらくしたある日のこと。県の社労士会の現在の事務局長から突然電話連絡があり岡山西年金事務所の年金委員の要請がなされた。今まで様々な業務はこなしてきたが、年金委員は初めてのこと。しかし今の自分の置かれた状況では、それほどの負担にもならないのでお受けすると即答した。

　自分では1年だと判断していたが年金事務所から届いた書類では3年に任期がなっている。この年でも出来るのであればやることだと、改めて年金の各項目について復習に取り掛かることに。なんであれ、与えられたものには常に前向きに対座することが自分の信条であるため年寄なりに解説書にも目を通していく。

　やはり忘れかけていた項目もいくつか出てきた。生涯が現役のつもりにならなければとはよく耳にするのだが、自分にも当てはまることなのだと改めて悟る。

　その年平成28年の暮れ近くに西年金事務所から年金員の研修会の開催案内があり出かけることにした。

　この社会保険労務士としての仕事をやっていこうと決めたのも父が勤務先での厚生年金の脱退手当金をただ一人申請しなかった事、そして自分が勤務先の最初の頃に出会った一事業主の障害年金の依頼を懇願された事と重ねて、自分にとって最後のいわばご奉公ともいえる年金委員の委嘱。とても不思議な繋がりを感じないではいられない。

　年金委員の研修会場はあの市民会館。岡山に帰省した年に地元の信用金庫の記念のイベントが開催されてその招待で訪れたところ。名勝「後楽園」のそばで立地条件はいいのだが、かなり古い建物。調べてみると1964年の完成。

自分が大学時代に出来ている。当時はこのような場所は縁がなくて記憶にない。

この建物が真新しいときに学生生活を過ごしていたことになる。50年の歳月を再び感じることに。まさに光陰矢の如し。人生は長いようで短い、人もまた斯くの如しの例えが身に滲みる。

研修会場では各会社関係者や関連団体の人々も多く出席している。なるほどこのようにして従来から厚生労働省では福利厚生の啓蒙活動の一環として実施してきていたのかと再認識する。

当日の研修内容では今までの自分の業務体験での事柄が殆どであったのだが、そのなかで、一つのことが目に留まる。

《　事後重症の障害厚生年金は請求年金であること　》

驚いた。請求年金の制度がまだあるのだ。あのころのことが頭に蘇ることになったのだ。そう、あれは確か昭和48年頃のことだと記憶している。当時の日本は所得倍増と日本列島改造ブームで給与が一年で20％も上昇し、年金元年と言われて格段に支給額もアップされた時代。

その頃に老齢年金制度のなかで「通算老齢年金」があった。

これは国民年金と厚生年金の加入が25年以上であれば支給対象となる制度で、しかも請求した月の翌月から支給となる。当時ではあまり知られていなくて請求できる対象者を事務所でも調べ、また各顧問先にも周知していた。そのなかの一人が自分の顧問先の従業員であったため本人に説明すると非常に喜ばれてすべてお任せするのでとの話となった。

通算老齢年金を受給しても給与は全額受けられるのでだれにとっても耳寄りな話である。裁定請求書はピンクの用紙でその人の口座のある信用金庫の支店に持ち込みこの口座の確認印をお願いしたところ支店長が出てきて

「これは何ですか。」と訊ねられた。通算老齢年金の制度を説明したと

ころ「そんなことがあるのすか?」とまったく知らない。

こちらは面白くて仕方がない。非常に興味を持たれた記憶がある出来事であったがその後しばらくして各金融機関が一斉に「年金の振り込みキャンペーン」を展開し始めたのだった。

この頃から社労士でも年金を主眼に置くことになり、いわば今に至る原型が出来た時期。請求年金の言葉を耳にする度にこの思い出が蘇ってくる。

年金制度は常に社労士の業務のなかで時代を反映して変遷をした歴史がある。

最近でも 2014 年 4 月から遺族基礎年金が 18 歳未満の子を持つ夫に対しても支給されることに改定がなされているが、依然として遺族厚生年金はその制度の改定がなされていないのは不自然であり、現在の夫婦の共働きが一般的な流れにある時代においては制度を見直す時期に来ているのではないかと考えられる。

社労士としても実務でこのような対象者と面談する機会も今後増加するのではないかと思われるので、私見ではあるが、相互に情報交換を密にして行政に対して制度改正を促す方向性をうちだしていくことも必要ではないかと考えられる。

現場の声を国に持ち上げていくことも制度の担い手の役割の一つである。

研修の帰りに天満屋まで歩く。道すがら頭の中に請求年金の文字が浮かんでいた。

それほどまでにこの言葉は印象深く、そしてこの日の収穫だと思う。

これからは、いろいろの場面でやはり年金に係ることが出てくるのではないか。

そうなのだ、西年金事務所の依頼を受けて厚生労働省から大臣名で届いた委嘱状を目にしたときに、すぐに自分で出来る事柄は何だろうと考

えてみた。

　その頃、年金の加入期間が25年に満たない人の救済策として以前から何度も国会での改正法案が上程される動きがあったのだが、諸般の事由により今日まで日の目を見ていないことが頭に浮かんだ。今回はおそらく改正になるのではないかと考えていた。

　頭に浮かぶとすぐに行動に移す性格のところも自分にある。少しは躊躇するのだが、やはり聞いてみようと、岡山西年金事務所の担当者に電話する。

　「いままで何度も審議されなかったが、今回は三度目の正直で成立するのではないかとも考えられますが、まだ本部からは連絡がありませんのでお答えのしようがありません。」との回答。そうだろうと想定していた通り。

　しかし、自分では行動したい意欲。平成28年の年末の国会ではおそらく審議されマスコミでも取り上げられてくるだろうと、自分なりに文章にとりかかる。なんといっても約64万人もの対象者なのだ。25年の最低加入年数の壁に阻まれてきた人々のためにも、そして非正規で就労する人にも今後の年金に関心を持ち将来の生活設計を描く道を開くことにもなり得るのだからと思う。

　自分なりに想定される事柄の幾つかについて私見を書いてみた。そして以前この地域の信用金庫の支店長で今は本店に在籍している旧知の人宛てに早速、文章を送付する。こういうときの行動は早い。

　翌週には返事が電話であった。この信用金庫にも岡山県の社労士会に所属している人が2名いる。その会員を通してPRをお願いできればこれも年金委員としての活動の一環にもなり得ることなのだ。社内の担当者へ手渡したところ本人もこの年金の改正については理解しているとの話であったとのこと。

まずは意識をしてもらい金融機関は年金の口座振り込みでダイレクトに係ることなのだから法の改正にも留意することにもなるだけに文書を送付した甲斐があった。

　年金委員としてこれからも地域の町内会を始めとして、様々な会合の場でＰＲに努めなければならない。特定の顧問先を持つことはもうするつもりもないので考えようによれば今に自分は合う仕事の一つではないかと思う。

∝∝∝∝∝∝∝∝∝∝∝∝∝∝∝∝∝∝∝∝∝∝∝∝∝∝∝∝∝∝∝

　父の七回忌の法事も終わり、何かこれからの自分に与えられた使命はなにかと自問自答している日々が過ぎゆき故郷での暮らしにも慣れてきた６年目の平成30年にまたしても豪雨災害を経験することになるとは??

　帰省して５年目頃までは相変わらず名古屋のことが気になりそしていまだに名古屋時代の出来事がしばしば夢に出てきている日々でこれはどうしようもない事なのかと半ば自然に任せる気持ちに傾いていた。記憶の根底にあるものはどうすることもできないのだからと。

　いつであったか、テレビの番組で鹿児島に帰省した年老いた人が自分が過ごしてきた関西のことを知りたくていつも物産店に足を運ぶといっていたのが実によく理解できる。確か90歳近くの方であったが、おそらく20年以上前には帰省していたのではないか、それでもいまだに懐かしさが体に行動を促すことになっている。

　しかし、今は名古屋に身を置いても自分が交流をしていた事業所の社長をはじめ奥様や役員の方は既にほとんどがリタイアされていて、なかには亡くなられた人も多い。既に次の世代に代替わりしているのが現実の姿。懐かしい人にはお目にかかれないのだ。[花の色は移りにけりな、いたずらに我が身世にふる眺めせし間に]と詠んだ小野小町ではないが、本当にいつの間にか世の中は変わり果てている。

毎年のようにあわただしく目の前のことを処理している年の積み重ねが、いつしかかけがえのない日々であったと気づくことになり、今の自分の姿で逢いたいと願うことも叶わないのが人生なのかもしれない。

　こうした自分自身の心の安寧を探していた頃、あの7月七夕豪雨が西日本を襲う。

　自然豊かで災害の少ない「晴れの国岡山」では地震や水害などはそれほどないので何かこの時も危機意識はない人がほとんどであったと言われている。

　そうなのだ。4日も雨ばかりであったが、まさかそんな災害が近くで起きているとは考えてもいなかった。7月5日の朝、巣立つたばかりの燕のひなが親鳥とともに我が家のそばの電線に並んでとまっている。まるで挨拶をしているかのよう。思わず見とれていたこの日の翌日から大雨警報。7日の朝から倉敷市真備町の凄まじい光景がテレビ画面に。あの東海豪雨での氾濫して水没した街並みのあのときの画面と酷似した街並み。いや今回は被害が悲惨で何とも言いようがない。上空には救助のヘリコプター。奈良県の文字。そうだ吉備真備が後世に名を遺した奈良の都から真っ先に駆けつけてくれたのだ。唐招提寺に13年、毎年出向いたことが瞬間思い出された。しかし、被害は広島・愛媛など西日本各地に広がり、濁流にのみこまれた家屋のなんと多いこと!!　戦後最悪の水害との報道に言葉もない。

　東海豪雨の朝に映し出されたテレビの画面には裸で自転車を担いで胸まである水の中を歩いてゆく若い男性の姿に何とも言いようのない気持ちと、それまで懸命に生き抜く雄姿に感動とこちらまで「やらなければ」と勇気を貰った。水没した中でも人生を切り開いてゆこうとする人々のなんとたくましさの涙とともに拍手を送りたい気持ちが湧いてきたのだが、今回の画面には救助される住民や住居の屋根の上で懸命に耐えてい

る姿とともに二階まで水没した家並からは動きが少ないのが水害の凄まじさを映し出している。どのようになっているのか何もわからないような光景。

　しかし、時間の経過とともに被害の大きさが知らされてくる。犠牲になられた人は殆どが避難が困難な高齢者が多くてどうしようもなかったのだ。

　濁流が地域に流入するのがあまりにも早くどうしようもなかったことが次第に明らかになってくる。広島の住宅地に押し寄せる濁流の恐ろしさ。深夜に突然起こった災害が夜が明けても凄まじい勢いで家屋を破壊してゆく画面に心が凍り付く。

　戦後災害の西日本豪雨。様々な要因が重なった今回の水害。幸いにもこの玉野では特に我が家の周辺ではほとんど被害がなく周辺の県道の一部ががけ崩れで数日通行不能になったが、一週間ほどで片側通行が可能となり生活に影響が少なかったのは後日県内の被害に全体像が明らかになるにつれ、とても幸いなことだったと感謝した。川の流れがない地域で高潮の被害には過去何度か遭遇しているが今回のような災害に遭うことがないのは本当にありがたいことなのだと両親の墓前で合掌した。

　この豪雨の後、平成30年8月28日で労務管理の仕事に就いて50年となる。

　それから数日して決意した。50年もの間同じ業務を継続出来たのはとても幸せなことであり、さまざまなことにも遭遇し多種多様な人生模様を仕事を通じて垣間見人それぞれの言いようのない生きざまを学びえたことで、そろそろ終着点としてもいいのではないかとの思いが心を占めてきた。

　9月になり県の労務士会へ退会届を提出する。それにしてもこの業界の道に足を踏みいれた頃に豪雨で飛騨川バス転落事故で120名以上の

方が亡くなり、今回の西日本豪雨でもやはり100名以上の犠牲者が出ていることには何ともいいようのない思いがする。それぞれの災害は異なるがどうして労務管理の入口と出口で豪雨災害が出てくることの奇妙な相似とともに自分自身に置き換えてみて、これからはなお一層努力を重ねて生き抜いてゆかなければとの決意が強くなった。

～～～～～～～～～～～～～～～～～～～～～～～

　毎日、我が家の二階の窓から小豆島を眺めていると、瀬戸内の海を行き交う船がまるで一枚の絵ハガキのような光景となっている。その手前には戦前と戦後しばらくは広大な塩田の浜が拡がりを見せていたのだが塩の生産方式の変遷により50年ほどは草木が生い茂る空き地となっていた。どういう偶然なのか、自分が帰省した年にその空間が全てメガソーラーの発電所の工事が着工されて3年ほど経た今ではソーラーパネルが敷き詰められていて、銀色の波が幾重にも光を反射している。そのおかげで我が家からは小豆島や豊島などの瀬戸の島々と海上を行き交う大小さまざまな船を毎日眺められるのだ。

　なかなかの風景で周囲をめぐらす小高い山々の対比が美しい。知らず知らずに遠景にいつも焦点を合わせていることで視力が良くなっているのではないかと感じている。免許更新の際に高齢者講習の視力検査で20歳代といわれたのもこの毎日海を眺めていることの成果かもしれない。

　趣味のウォーキングでメガソーラーのそばに造成された遊歩道を歩いていると一角に塩竈神社がある。そこに参拝して傍らに置かれた表示パネルには昔の面影をしのばせる写真がある。その一枚を見ると自分が幼いときに時折手伝いをしたことのある父の塩田作業の鍬を思い出して、既に60年以上にもなる光景が蘇ることには何とも言えない郷愁を味わうのだ。

　当時、最盛期には5000人もの就労者があり、この地も大いに繁栄し

ていて幼い頃には、芝居小屋や映画館、写真館もあり料理旅館なども数件あった記憶がある。映画館で観た［鉄腕投手　稲尾和久物語］は今でも鮮明に覚えている。芝居のときにはミカンや飴玉、ラムネなどを両親からもらい人息れのむせかえるなかで口にしていた思い出さえ残る。

今に残る公民館にはその当時の佇まいと人々の集う面影を偲ばせている。幼少期の夏場には出稼ぎの男の群れが家の対岸にある井戸で水浴びをしていた光景が夏の暑さと共に頭に浮かんでくる。今は朽ち果てたその井戸も涸れて草木の生えた姿になり、鳥たちの遊び場であるが自分の心には今もその男達の話し声が聞こえているかのようだ。

我が家の近隣には、これも自分が帰省した年に工事が開始されて、いまは少しグレードの高い特別養老ホームの施設があり、やはり海辺の穏やかな所に集う年老いた人が余生を送っている。周辺にもこのような場所が数カ所あり時には車椅子で回遊されている。大都市周辺のそのような施設に比較すれば、やはり恵まれている環境である。

父は最後までこのような場所とは縁がなかった。自分に出来ることは自分ですることが鉄則なのだから、父に習い最後までやり遂げることがまた良き人生の証しでもあるだろう。頑張らなければ‼ ‼

最近になって、識者から高齢者の年齢を現行の65歳から75歳の引き上げる提言がなされて今後、制度の見直しが議論される方向にあると報道されたが、なるほどと思う。確かに周囲の知人や今までに交流があった人を見ても65歳はまだ現役で相当ではないかと考えられる。

高齢者を65歳に制定した当時に比して、やはり今の同年齢は10歳は若いとはいえるのではないか。確かに個人差はあるが、身体的にも精神的にも丈夫で頑健な人も数多く存在するのが現実の姿。社労士の業務で60歳定年で65歳まで雇用延長の制度の適用を数多く手がけてきたけれど、いざ自分がその歳のなると［まだまだ現役だぞ］の気持ちが多

分にある。

　そのほうが自分にとっても意欲が湧いて、毎日の生活にも張りがある。

　やはり最後に至るまで自分に与えられたことはなにか、今、出来得ることはあるのではないかと問い続けていてことが必須条件である。あのノートルダム清心女子大学を日本で有数な名門校に成され、平成29年2月に亡くなられた渡辺和子さんの著書にあるように［今出来ること、今の状況でするべきこと］を模索して旅を続けることなのだと思う。今後の社労士業界での展望を模索するなかで自分の経験した幾つかの事例が後輩の方々の役に立つこともあり得るのではないかと考慮して参考になる事例とこれからの我々の役割について言及しておきたい。

〈社労士での実務の参考事例〉

1　時間外労働と過労による障害事例

　通信設備工事の会社の社員のSは部下数名を伴ってその日も県外の長野まで早朝から社有車で通信設備を施行している現場に向かい、午前9時半ごろから夕方まで作業を指揮し、また作業をフォローし名古屋市内の会社には午後6時頃には到着していつものようにその日の作業日報を午後7時ごろまでには仕上げてタイムカードを打刻して会社を出る。

　しかし、その後の足取りがどのようであったのかわからないのだが自宅に午後11時過ぎに到着しその直後に意識を失い家族が救急車で病院に搬送。そのまま入院し半身不随となってしまった。通常ならば40分もかからない距離であり、どうしてそれほど時間がかかり、また倒れてしまったのかわからない。「急性の脳出血」をひき起こしたとの診断。しかし当日に会社から出てその後どのように自分の車を運転して家まで辿り着いたのかは全然記憶がないと本人は言う。

　症状として言語障害と半身の麻痺があり、その後のリハビリでも麻痺

は改善しなかった。当時はまだ労災事故での過労の認定基準は厳格に査定されている時代であり、会社も何度となく所轄の労働基準監督署に申請を申し出ようと模索したのだが門前払いの状態であった。

※ 過労に関する認定基準はこの事案の後で数回の緩和措置がなされて今日では単年度でみてもかなりの労災認定がなされている。

障害が残る状態となった家族はとても納得することが出来ないと会社に対してなんとかしてほしいと強く出てくる。顧問の社労士として会社の総務部長から相談を受けて所轄の労働基準監督署に持ち掛けて［このままでは会社も本人の家族も合意は難しい］ことを詳細に説明したところ、それでは監督署として会社側も同席したうえで本人に法と施行規則の内容の開示と署としての見解を示すとの回答を得た。

そして指定当日。本人の妻と実父、会社の総務部長と社労士が同席して署で説明を受けることに。

本人の父はこの日、大阪から自分の仕事を休んで来たのだ。着席すると父は涙声で「息子があんな体になってしまって親としてはどうしてやることも出来ない。」と気持ちを抑えきれない。辛い、社労士としても実に痛いほどわかる。切ないがここは抑制のみ。

ほどなく監督署の担当者から現在の過労の認定基準について詳しく説明がなされて、ようやく妻と父も仕方がないとの会話をすることに。しかし父親は諦めきれない様子。そうだろう、自分の息子が半身不随の身になり親としたら諦めきれない、なんとか救えることはないのだろうかと出来るだけのことはしてやりたいのだ。

このような場面には今まで何度となく遭遇してきたが社労士としての限界はあり、ただ慰労と激励のことばを掛けることぐらいしか出来ないことがほとんどで、いつも職務上で可能なことは実行してきたのだからといわば自分を納得させている。

弁護士とは異なり行政の欠落している部分を提訴や判決の積み重ねで法律そのものを改定するまでの道がまだ充分には整備されていない現状では、弁護士と協調して問題の解決策を見出し、過労死をめぐる認定改定に結び付ける下支えの役割ぐらいの存在であるのだから。

　この事案では、その後リハビリで言語の障壁は少なくなり、会社の事務部門での復帰を果たすことで雇用が継続されることに落ち着いた。その後の認定基準の改定を考えると事案の発生と法律の適用とは実に微妙な関係にあり、人それぞれの運命的なこともあり得るのかと考えてしまう事例であった。

2　労災事故と母国の事情

　社労士業務を遂行していると、ときには外国人が労災事故に遭うこともあり、その対応をする過程においては本国と当事者の事情により想定外の展開となることにもなる。そのいくつかの事例を取り上げてみる。

①　ペルーの男性がプレス作業で左手の3本の指を負傷

　顧問先で自動車部品の加工を請け負う会社での労災事故が発生。鈑金作業で機械に左手の先を挟まれて、3本の指先を負傷する。治療と約1カ月の休業期間を終えて障害請求となる。翌年の春には3年の期間終了になり帰国することに当初から決っていた。帰国予定の前に労災事故で負傷したことにより、予定が早まる。11月の終わりが所轄の監督署での障害現認日だった。三重県の監督署まで朝早く出かける。午前10時開始で9時半には着く。先方は既に到着していてしかも通訳として京都から行政書士が来ている。意外な顔ぶれで驚いて話をすると、なんでも行政書士の仕事の一環で、この方は外国人を日本の職場に紹介することがメインであり、それぞれの該当者の日本での世話をするのも業務なの

だとのこと。

このような行政書士もいるのか、そしてそれで生計しているのだと聞いていろいろな業務展開が出来るものだと改めて当人の顔を見るが、ごく普通の日本人。しかもさすがに商売上手な関西人の趣き。初対面で人の気をそらさない話術に長けている。

障害認定は滞りなく終了。帰り際には愛想よく「あのーいつ頃に振り込みがあるのでしょうかねえ。」抜かりなく聞いてくる。

［通常では約1カ月ですが］と言うと

「国では家族が待っているんですわ。レートが全然違いますから。新しい家が出来るほどなんですよ。」と実に喜色満面の笑み。そうなんだこの一時金で大家族を養うことには当分困らないのだ。

後日12月の中旬に再度行政書士から催促と思われる電話がある。監督署に聞いて返事をする。「年末までには大丈夫のようですよ。」と。

すごく喜んでいた。国が違えばこんなにも貨幣価値が相違するのだと改めて円の価値を知った。

② 中国籍の労働者の労災補償と慰謝料請求

日本にきて10年にもなる中国籍の男性労働者を友人からの要請を断り切れないで雇用した金属プレス会社での労災事故。

当初、本人は真面目で口数も多くなく勤務成績もまずまずで日本語能力が少し劣っている以外には欠点はない人物と周りからは思われていた。社長もどうにか他の社員ともうまく付き合うことが出来ているので安心していた。

就職して半年が経過し、仕事にも慣れてきたときに事故が起きた。

夏の終わりを迎える頃。平日の午後に仕事を開始して間もなく一人で鉄板を切断作業をしていた時に過つて安全装置を切り、右手の第二手指

と第三手指の第一関節の先端部分を切断してしまった。約3か月の療養を経て会社に労災の障害補償請求を申し出る。

　所轄の監督署に請求書を提出して、約1カ月後に障害認定日となる。当日は本人と通訳の女性、そして社労士が同行して認定を受ける。監督署の担当者と上司の二人で認定をするが、本人はそのときにもかなり事故の時の会社の不平・不満を口にしていた。認定後も等級とその額をしきりに係官に聞いていて、通訳の女性もやや困惑した様子であった。自分の言い分が聞き入れられないままで認定は終わる。

　当人と通訳が帰り会社に報告に行き、かなりな不満を持っていたこと、このまま終わればいいのですがと社長に言い含めておいた。

　後日障害補償一時金の支給通知が届くと想定していた頃に、案の定、本人から会社宛てに慰謝料の請求を要求する内容証明が届いた。

　会社の社長から事故後の本人の状況が明るみになる。

　中国で事業に失敗して借財の補填と家族の養育のために日本に出稼ぎに来ていたこと、帰国しても50歳以上でいい職には就く見込みが少ないことなど。

　社長も労災補償だけでは終わらないことがかなり分かっていた。

　こちらに相談を持ち掛けてくる。知り合いの弁護士を紹介すると数日後に相手の方も弁護士を立ててきたとのこと。これで双方の弁護士同志の話し合いにより解決に向かう。示談が成立して慰謝料として300万円を支払うことで結着した。

　この金額が高いか安いかは双方の事情と今までの経緯にもよるのだと判断して「社長がそれで納得されればいいのではないでしょうか。」と返答する。

　やはり労災の補償だけでは済まない事案ではあった。

　この二例にもあるように被災者の事情により、その対応は千差万別な

のが現状の姿なのかと思わないではいられない。今後も労災事故では事業主の無過失賠償責任と不法行為責任が付いて回るのだと覚悟を決めてかからないわけにはいかない時代なのだと思われる。外国人の災害では特にその国と本人の環境や状況によってかなり対応が変わることも考慮に入れておかなければならない。

　社労士としても今後外国人の雇用に関する知識と経験が求められることも想定されるため、宗教や風俗、慣習の相違にも知識を要求されることになると思われるので機会を設けてそうした事柄に予備知識を備えておくことも肝要ではないだろうか。

3　重婚的内縁関係にある被保険者の年金請求と
　その後の人間関係の推移

　長年にわたり年金請求の事案はかなりの件数を扱ってきたが、この事案は特異な事例でありおそらく今後も出てくることはないのではないかとも考えられる。またその解決に至る道程で体験したことは社労士として今も心に強く刻まれている。

　平成7年4月に年金の制度改正と共に雇用保険法の高年齢雇用継続給付金が制定されて高齢者雇用に対応する法体制がなされた。団塊の世代の定年を迎える対応も踏まえて、各企業においても高齢者の雇用について対処することが急務とされた時代で中小企業でも例外なくこの給付金を活用する動きが顕著となった。

　社労士の事務所として年の初めにその年度の各顧問先の対象者を月毎に抽出して各顧問先に制度の内容と活用のメリットを個別のシートで説明していくことが重要な業務となった。

　この対象者の所属する事業所にに対して60歳に到達する前には話していたのだが当初は少人数で極めて重要な人物であるため給与を減額し

て年金の給付と高年齢雇用継続給付金での補てんには難色を示していた。一年後に事業主から依頼があり「業績も少し悪くなり経費を少しでも減額することにもなるのであれば活用したい」と意向が示されて本人にも面談して制度の説明と年金請求についても受任されることとなった。対象者が61歳のとき。

　高年齢者雇用継続給付のための賃金登録も済ませ本人に渡していた年金裁定請求書と添付書類を確認したところ、被扶養者としての認定が出来ていないという。

　おかしい、健康保険証の被扶養者に記載されている。町役場の担当者に照会したがなにか口ごもる様子。被保険者証を提示してなんとか認定を受けた。

　本人から出された住民票を見て判明した。長年の内縁関係で第三号被保険者としての認定が支障をきたしたのだ。

　年金請求の関係書類は出来上がったので事務所の社労士の金田君が出向く。

　驚いて帰ってくる。
「すでに年金を受給していますよ。」

　役所の人も驚いていたのだ。本人はなにも知らないで手続きをしようとしていたのだが、一年も前から支給されている。戸籍上の妻に。

　どうして本人の請求ではなく戸籍上の妻の申請が受理されたのかわからない。該当する当時の社会保険事務所の年金担当者宛てに照会の文書を送付したところ電話で回答がなされた。文書を控えたのには訳があった。
「一度は書類を返しましたが何度もそしてあまりにも強硬な妻の態度に役所として受理しないわけにはいかなかったんです。」
との担当者の言葉が全てを物語っていた。

　本人を呼んで詳しい事情を聞いてみることにする。話の内容に愕然と

した。

○　15年前に関西地区の県から現在同居している女性と名古屋に来た。この人は近所に住んでいた人で親しく付き合いもあり、また自分は妻との折り合いが悪く、子供もいたのだが、勝ち気な妻には愛想が尽きて家出したとのこと。

　その際この女性も一緒に逃げてきたのだと言う。今の会社で就職するときには現在の住居に夫婦として住んでいると申し出て健康保険証にも最初から妻として記載されていた。

　この女性もパートとして働いているので年末調整の際には扶養家族としての記載はない。住民票も同じ住所で別々に発行されている。

　戸籍上の妻とはその後は連絡していない。子供の事は気にはしていたのだが、とにかく勝気な妻の事を考えると何も言えないのでそのまま妻に任せた。

　と、おおよそのことはわかった。しかし15年もの間に離婚の話し合いもなくそのままの状況でいたことには実に不思議な気持ちがした。いくら気の強い妻とはいえこのような状況でいたことは子供にとっても不幸でありいつも肩身の狭い思いをさせていたことは容易に想像できる。今回、戸籍上の夫が年金請求できる年齢になることを待っていて妻がすぐに請求したことはあり得る話なのだ。

　おそらく妻としてはこのときを待ち構えていたのだろう。それまでの歳月を思うと今回の妻の行動は理解できるのだ。

　しかし、このまま放置は出来ない。知己の弁護士に相談して解決策を探ることになった。

　弁護士が一度妻に会うに出かけてくれた。

「全然話にならない。会うことすら出来ない。」と話した。そして、

しばらくして再度訪問する。またも拒絶された。そうだろうとは想像できる。

　しかし、さすが弁護士 !! !!

　三回目に面談にこぎつけてくれた。その際には子供の声が援護射撃となったのだと教えてくれた。なんでも子供が

「お母さん、もういいよ。私たちはお父さんのことは忘れているんだから。」

「お母さんと一緒にこれからも生きていけばいいんだから。」

と子供の声に勝気な妻もやっと心を開いてくれたのだ。

　そして離婚の条件を出された。

　①　今までどんなに苦労して子供を育ててきたことか。それを思う
　　　と　最大限の要求をするのが当たり前のこと

　②　すでに支払われた年金はすべて自分のものである

　③　今後のことを考えると家・土地はすべてそのまま所有する

　④　子供との交流は一切しないこと

と、当然の要求とも思える内容であった。

　本人と弁護士との話し合いの結果、この要求を受け入れることで解決の方向に向かう。事態が判明して早くも 10 か月が経過していた。ようやく年金の手続をすることになる。そして思いもしないことが判明した。

　年金の第 3 号被保険者として同居している女性から自分自身のことが語られた。

　この人も一緒に夫と子供を関西の住居に残して家出同然の状態で出てきて今この男性と共に暮らしている。第 3 号被保険者として扶養されている確認のために関係書類を持参してもらうように依頼したところ給与明細書をすべて揃えてきた。15 年分の明細には確かに家族手

当としての記載がある。そして被保険者証にも名前があるのだ。

　しかも平然としていて

「私もこちらに来るときに家族を残して来ました。その後、あの阪神大震災の時に家族は焼け出されたため今は私の富山の郷里に夫と子供がいます。私のほうはすぐに離婚出来ます。」

と言うのだ。余りにも淡々と話すので改めて女性の踏ん切りの付け方に驚いた。

　それからはスムーズに事が進んで行く。そして、1年分の年金は戸籍上の妻が既に受給していたため2年目の年金分から離婚成立が成立した夫婦のもとに支給されることになった。

　雇用保険の高年齢雇用継続給付金の受給と共に年金の一部支給でそれからは平穏に暮らしてゆく。このままの状態で推移するものと考えていた。

　ところが人の気持ちの変化は実に微妙である。65歳になる前に本人から事業所に退職の申し出があった。

「今までよく働いてきましたので65歳でリタイアしてのんびり暮らしたい。この地を離れて元の郷里の近くで夫婦で生活します。」

　本人と今の妻とで相談して決めたとのこと。そうなのか、故郷に戻るのか。しかも元の住所と同じ市に移り住むのか。

　様々な考えから結論に至ったのだとは思うのだが事業所の社長夫妻も意外な申し出に驚いていた。約20年の東海地方での生活の区切りをつけて帰省したこの夫婦のその後はわからない。安寧で幸せな暮らしを願うのみである。

○　**法律のプロとの連携の強化**

　前の事案でも理解が得られるように今後社労士としての業務運営で

欠かせないのが法律のプロとの連携である。

　特に労災事故や過労に係る問題が生じた場合には、その過程で現行の労働関係諸法や省令などとの整合性が問われることが多く出てくる。

　ごく最近の電通の過労死の判決で最終的には社長の引責辞任にまで至る経過を検証してみてもその対応の如何により会社の業績にも大きく係ることにもなるのが現実の姿なのだ。

　電通では以前に過労自殺をした25歳の男性社員の事件が社会的にも大きく取り上げられており最高裁判決では一億数千万円の賠償が認定されていたことからしてなぜ会社としての抜本的な意識改革がその後もなされていなかったのか不思議でならない。

　もしもその後に会社の改革がなされていれば、今回の事件は起こりえないとも考えられる。社労士がＡＤＲの分野に取り組むときの教材には必ずこの電通の過労死裁判がとりあげられることを踏まえてなぜに今日まで放置されてきた会社の気風・組織・業界の在り方などに疑問符を投げかけないではいられない。

　当初の過労死の担当弁護士のコメントが如実に実情を表している。遺族の気持ちと過労を放置し、また容認してきた日本の労働環境と行政の問題にも今回言及されてきていることを鑑みると、労働環境を改変することの難しさを改めて知ることになった。

　就業者の意識変化や生活水準の向上、また核家族化、非正規雇用者が常態化している現在の状況に於いて現状の労働の実態はあまりにも弊害があり、もう一度働くことの原点復帰が望まれるのではないだろうか。

　労働者側においても将来設計を充分考慮して、働くことの意義を見直す時期に来ているのではないかと思考される。

社労士も労務管理全般を業務とする観点から今後は常に弁護士や司法

書士・税理士・公認会計士などの関連業と協調して事案に対応する体制を構築することが必要最低条件であり、顧問弁護士を擁する事務所の形態を採ることにより顧問先の信頼関係が強固なものになるものと思われる。

岡山城　烏城とも呼ばれている

幾星霜

これからの自分の在り方

最後に自分がこの社会保険労務士の業界で50年にも及ぶ人生を過ごしてきた今、これからの人々はどのような歩みをしていくことになるのかについては、やはりその答えはないのではないかと思う。

　この士業の創成期から進捗を続け成熟期に至る状況を体感した者としても今後の展望はわからないのが本音である。人の人生ほど変わり行くものはない。予期せぬ出来事や国の在り方、また人口構成などの様々な要因から時代が形成されて歴史が作り変えられていく。実に人生はままならないものなのであり、変化に富んでいる。

　そして、その流れのなかで如何に自分を活かしていけるか、なにが今求められているのか、この法律の改正は何を意味するのか、どのように活かしていけばいいのかを常に模索し、考えて時代と共に生き抜いて行く行動力と自己改革を図ることが非常に大切なのだと思う。

　とかく人は自分の殻のなかで生きようとする。周囲の状況の変化に気づかないで時を過ごし勝ちである。時代は常に動いている。人もまたその考え方も絶えず変わりゆく人生。次の年には既に今の状況を維持できないこともあり得るのだ。

　平成の年代に移って既に30年近くになろうとしている。あの東日本大震災の頃にたまたま乗車したタクシーの乗務員との会話のなかで思わず出てきていた言葉。
「平成の年代も33年はないのかも知れないですよ。」
とつぶやいていたのが今や現実となっている昨今の状況。まさか平成27年12月の天皇誕生日に既に生前退位の意向を示されていたとの報道もあり、平成の時代も終わり今や令和の時代なのである。本当に何が起こるかわからないのが現実の姿なのだ。

　父は明治、大正、昭和そして平成の四代を生き抜いた。自分もそこまではとても無理だが、せめて三代は目指したもの。そこに手が届くまで

に生きてきたのだから。

　せめて90歳台までは生きたいもの、しかも元気で自分のことは自分でする気構えで。幼馴染みにも三桁を目指そうといつも声を掛けている。65歳を超えると同年輩とは思えないほどに急に老け込む者もいるが、ここは気持ちの持ち方一つ。

　父の過ごし方が何より参考になるのだ。とにかく若い頃から子供には常に前向きで自分の事は自分ですることを自ら実践してきた。そのいくつかを思い出してみても晩年に至り、生涯を終えるまでその意思は変わることはなかった。

　戦後の食糧事情が悪い時代でもなんとか栄養価の高い物はないかと、それを手に入れることを常に考えていた。家ではいつもニワトリを飼い、卵と鶏肉を確保し自分で捌いては冬に寒空の下でも鶏肉と野菜の御馳走を調理して子供の成長第一の姿勢を示してくれた。あの新鮮な肉とスープの美味しさはいつまでも忘れることが出来ない。

　また海で自分が早朝に出かけて採ってきたタコ、ママカリ、アサリやマテガイなどの貝、海藻などを調理して食べさせてくれるのが幼い頃の一番の楽しみであった。現在では市販の素材や調理済み、加工食材ばかりで素材の本来の味を食することが出来ないのはとても残念なことである。瀬戸内の茹でたばかりのタコ、とれたてのママカリの酢醤油で食べる美味しさ。また家の畑の野菜、我が家の庭で実った桃、ミカン、山桜桃梅（ユスラウメ）、ザクロのあの味。自分の財産であり、その後、どんなに著名な店で見事に調理し名器で盛られていてもあの味には到底及ばないのだ。

　これに近い味は時折、懐石料理や招待を受けた料亭で味ったことがあるが、「やはり野に咲けレンゲ草」の如く、その場で味わうのが一番なのだ。

そして父はまたなにごとにも真摯な態度で臨む人であった。近所に長年住んでいる幼馴染みや父の行きつけの理髪店の主人からは［本当によく世話になった。今でもいてくれるといいのに。」との話を聞く。「口かずは多くはないが、助けてくれたことがよくあった。無駄なことはせずに必要なことをしっかりしてくれた。」と言われる。

　そうなのだ、無理・無駄は嫌いでまた出しゃばることもしない性格で、しかもその人の必要なときにだけ手を差し伸べることを好んでしていた。

　名古屋でのいわば都会暮らしが長くなり、平成 22 年の夏に父に言ったことなのだが、

［名古屋ではビルの中の墓地が新しく出来た。そこは便利で年中無休。朝 7 時から夜 7 時まで参詣出来る。区分所有の墓地で機械式になっており、カードを差し込んでからすぐに墓石と供花や蝋燭、線香まで仕立てられてるので便利でそこを購入して両親の分骨を納めることにする。］と話した。

　そのときには父はなにも言わないでいた。納得してくれたのだと理解していたのだが、父の胸の内はまったく違っていたのだ。そのことは帰省して 4 年も過ぎた頃。理髪店の主から初めて聞いたのだ。「帰ってこんかのう??」と岡山弁を口にして思わず自分の本音を出したのだ。

　このときには既に 100 歳を超えていて今まで胸に秘めていたことをごく親しい人に漏らしたのだと知る。［そうなんだ、やはり帰省することを心から望んでいたのだ、しかし高齢になり今まで我慢に我慢を重ねていたことが遂に口から出てしまったのだ］と思う。そうだろう、その頃の電話の声にも以前ほどの張りがなく、魚も料理する元気がなくなっていたことは返事の様子では知っていたのだが、こんな気持ちになっていたとは考えてもいなかった。いまさらどうすることも出来ないが、せ

めて仏壇に合掌して詫びるほかない。親の心子知らずの通り。申し訳ないことこの上ないが自分の意識には都会暮らしの良さだけが撒き散らされていてそのなかに埋没していたのだ。

　しかし、ときとして不安を覚えることがあった。あれは確か5月の連休の時だと記憶しているが、住んでいたマンションが7階建てでその最上階の部屋から外を見ると自衛隊機と思われる機体が数機で編隊飛行をしていたのだ。

　室内にいてもその凄まじい騒音でテレビの音が聞こえないほど。すぐそばには一級河川の庄内川が川幅100mはあるほどで、その上空を旋回していた。

　もしこれが戦闘訓練だとしたら、そして軍事衝突にもなればこのような騒音の毎日であの名古屋駅の高層ビルの周辺に凄まじい爆弾が降りそそぎ火の海になるのだと想像しただけで身震いがする。30分以上も編隊飛行は続けられた。

　それも2年も継続していた。また、ミサイルでも投入されると周囲に広がりを見せているマンションなどはたちどころに崩れ落ちるだろう、あの9・11のニューヨークの貿易センターのように。そう思うだけでも今の戦後70年以上になる平和の恩恵を受けて暮らしていることのほうが歴史の中においてはいかにも短期間の時代なのだと思える。毎日が平凡であっても衣食住がある程度は確保できていることは実に幸せなのだと知ることに。

　また、人間の歴史は常に破壊と創造の繰り返しであり、その間隔が長いか短期間であるかの相違だけであり、過去を紐解いてみても戦争が何度となく起こり、その過ちを知りつつも国や民族対立の抗争が何らかの契機で引き起こされている。戦争の始まりは庶民では知り得ないうちに始まることも多いことが過去の歴史認識で物語られていることも数多い。

政治の世界はなかなか一般人にはわかり得ないところで展開されているのではないかとさえ思われる。そしていつの間にか戦争の火ぶたが切って落とされて周囲がにわかに騒然とする状況になるのではないのだろうかと想定される。

　我が家に一枚の写真が残されている。白黒の一族全員ではないかと思われるほどの人々が写っている。姉に聞くと、どうやら昭和16年頃の写真だそうだ。

　父と兄が出征するときのものだと解かる。それならば志那事変の頃。

　祖父が自分の二人の息子の出征を祝い、自分の財力で船を建造して送り出したときの記念写真だという。独力で船を建造したのだからたいしたものなのだ。それほど祖父は資産家であったのだと幼い頃によく聞かされていた。

　愛媛県の今でいう伯方島の出身で自力で家、田畑そして山林まで所有していた事は幼い頃に父や親戚の人から聞いてはいたが、この写真を見ると、その当時の有様がよく解かる。どのようにして資産を形成していったのかは、当時を知る人がもう誰もいない現在ではわからないが、とにかく質素倹約を旨としていたことは父や姉妹の話から得ていた。才覚が人一倍あり、また人間関係も上手であったのだろうと想像する。

　その祖父が亡くなったのが昭和19年7月と墓石に刻まれている。

　その翌年の昭和20年1月に自分が生まれた。幼い頃にはよく祖父の生まれかわりだと言われていた。写真に残る祖父の顔とは顔立ちが異なるがおそらくは性格が似ているのかもしれない。

　我が家の仏壇のなかにはこの写真のコピーを入れていて、自分の気持ちに迷いが生じたときにはいつも眺めている。なにかこの写真は力を与えてくれる気がする。この写真に写っている人は殆どが亡くなっているのだが、やはり自分の親族であり、しかもこの昭和16年代であれば戦

争の様相でなにかと節約する世相であったと推定されるのだがこの写真は皆が正装している。しかも男は和服とスーツ姿、女性も和服と洋装で写っている学生姿の者も帽子を着用している。

祖父、叔父そして父は羽織と袴。この当時でこれほどの物が手に入るとは、いつも眺めては感心させられるのだ。いかに繁栄していたかが理解出来る。この時代で三つ揃いのスーツがよく手に入ったものだ。

先祖がこんなに頑張っていたのだから、今を生きる者もしっかりと生き抜いていかなければならないといつも思う。何よりの発奮材料なのだ。確かに時代が異なり、またそれぞれの生きざまもその人物ごとに違うのだが、やはりいつの世の中でも能力を示す努力は必要とされる人間でなければ寂しい人生になり果てるのでないかと常々思っている。

父と兄は志那事変で中国に船で行き、この船もボロボロになって岡山に帰還したと聞いている。志那事変の話は父からはあまり聞くことはなかった。やはり、戦争の場はそのことを体験した者でなければ分かり得ないし、また話をしたくない事も数多くあったのではないかと推測される。

自分自身はもう戦争に駆り出される年齢ではないが働き盛りや若者が争いの場に強制的に連れ出されることだけは回避しなければと願う。少しずつだがなにやら怪しい雰囲気も起こり始めているような気がしてならない。

世界の勢力分布図もまたリーダーも変わり、地域紛争だけではなく更に広範囲な争いが生まれようとしているのではないだろうか。

あの永世中立国のスイスには全国民が避難できる核シエルターが用意されていて徴兵制の義務があり、いざというときには政府から国民に自動小銃が配布されるとか。このような体制にしなければ国は守れないのか。

しかも現在は核武装が当たり前の時代。あの福島第一原発の事故を検

証しても原子力を人類の力では制御できないのだ。格納容器から出た核燃料デブリをどのように安全に取り出し保管する工程がいかに困難なものであるかは全世界が知り得ているにもかかわらず詳細な報告は知らされていない。

　平成29年2月2日の東京電力から恐ろしい事態であることの報告がなされた。

　それによると、福島第一原発2号機の原子炉格納容器の内部調査で撮影した画像を解析した結果、内部の空間放射線量は推移で最大毎時530シーベルトだったと公表したのだ。放射線医学総合研究所によると4シーベルトの被爆で2人に1人が死亡し7シーベルトでは全員が死亡する。1999年の茨城県東海村の核燃料加工会社で起きた臨界事故で死亡した作業員は、最大で20シーベルト被爆した。放射線医学総合研究所の担当者は「医療の対象として考えたことのなかったレベルの放射線量だ」と絶句したと報道されている。

　今回の福島の原発事故の後でなにか関東と東北地方では知らぬ間に被害が広がりを見せ始めているのではないかと思われる。若い女性の東京での乳癌の患者が多くなる傾向ではないかとか、若くしてリンパ腫に罹患したり急に具合を悪くして亡くなる有名人のニュースなども気がかりである。

　名古屋にいるときにも周りの元気な人がわずかの期間で死去することも多く80歳を超える人が少ないと思われた。

　昨年まで働いていたのにあまりにも早く旅立たれることに戸惑いを覚える事もあった。何が要因なのかはわからないが。

　核に固執する世界。この先どのような行く末が待ち受けているのかと考えただけでも空恐ろしくなる。願わくば自分の身には降り注ぐことのなきように。

東京オリンピックで全国の業者が東京に集結し、一極集中が加速していた。

　しかし、この状況が長続きするとはとても思えない。既に限界を超えている。

　もし、戦火の炎が点火されると東京、横浜、名古屋、大阪そして京都などは火の海になることも想定される。

　第二次世界大戦では焼夷弾、そして今は弾道ミサイルの時代。数発のミサイルで東京は壊滅されるのでは？？　マンションや高層ビルの倒壊する映像だけは見たくない。

　やはり破壊の時代に入りつつあるのかも。

　あの東日本大震災の直後の国会の質疑で、ある議員の質問が頭に残像として今も鮮やかに記憶されている。語られたのは［大正12年9月に起きた関東大震災以後、昭和20年8月15日の第二次世界大戦までの約20年の期間、日本は災害と戦争の時代であったこと］。

　そして今回の東日本大震災を契機として再び日本はこの時代と同じような歴史を刻むことになるのではないかという内容であった。大震災で国土に地盤が揺れることにより地震が頻発する地形に変化していること、また大災害によって資産が減少する人々の不安・不満が蓄積されて国民の不安感が増すのではないかとも言われている。

　今の日本の状況も地方の人口減少が顕著で、海外でも過激な思想が次第に広がる傾向を見せ始めている。民族対立と保護主義の蔓延する状況になればより強くその流れになるのではないかと思われる。グローバリズムの時代から一転して閉鎖的な思想が拡大することにより、対立抗争が各地で引き起こされて、いつの間にか戦争の当事国にならないとも限らない。まさに歴史は繰り返される事態に陥いるのだろうか。危惧と不安が錯綜する世の中にはなって欲しくないが、相互の信頼が崩壊してし

まうことがあればその危険度は増すばかりとなると推測される。

　最近の動向を見ていくと少しではあるが大都市での暮らしに不安や不満を抱き始めてもう一度、人の幸福の在り方を模索する人々も出てきている。

　自分自身に置き換えてみても若い年代ではやはり都会の生活に憧れて夢を描き、また可能性を信じて行動していた。便利さと人口の多さ、多様な人びとに刺激を受けてあらゆることに挑戦してみたいとの意識も過分に抱いていた。そして次第に現実と周囲の状況の目まぐるしい変化の波にも揉まれながら、自分なりに対処してきたのではないかと今までの人生を回顧してそういう感慨に浸ることが多分にあるのだ。

　そして、さまざまな要因と状況により、今こうして晩年に至り、故郷での日々を送ることになったのだが帰省した当初の感情と今現在の自分の気持ちには、かなりな変化がある。

　平成24年5月28日に名古屋から古里に帰る。大学2年に岡山市内に下宿してからそのまま就職で東京へ。1年は生命保険会社の千葉の柏で研修、その後岐阜支社へ配属。5カ月後の昭和43年8月28日に労務管理事務所に転職、社労士制度の施行によりそのまま社労士業務の日々を送る。

　平成7年9月4日に独立し、平成23年1月に事務所を後継者に委譲に。

　おおまかにこのような人生を過ごしてきたのだが、平成23年に満103歳の高齢で父が逝去して熟慮の結果、自宅を新築して帰還したのだった。

　帰ってしばらくはなにか頭の中に空洞が出来ている感じで、また毎日のように名古屋の夢を見て長年の業務にうなされていることも多くあり、まったく地に足が付いていない状態であった。何をするにか、これからどのように毎日を送ればいいのか手探り状態で、また近所のうるさい世話焼きのおばさんにはいつも困惑して半年後には怒りが爆発した。こん

なことは予想だにしなかったので、いろいろと対策を考え、またいわゆる［ご近所の迷惑］のテレビ番組も参考にして行政と町内会などの助けを借りてなんとか解決の方向に導いた。

　その後、近隣の雰囲気も変化してきて、また近所に同級生が居てくれたことが自分に居場所を見出す力ともなった。田舎はあらゆることが都会とは比べ物にならないと親戚で自営業者の男性にいろいろと悩みを打ち明けることも多くこんなにも違うのかと話した時の事のこと。

　　「都会で1年、田舎で10年と言われている。」
と教えられた。そうなのか、それほどのタイムラグがあるのかと唖然とした。全てがゆったりと流れている。人も自然にまるで身を任せているようだ。これが自分に生まれ育った所の空気なのかと怪訝な気持ちにさいなまれた。

　しかしここが自分の遂の住み家。何かを見つけなければと自問自答することとなる。

　帰省して間もなく自宅を訪ねて来た地元の信用金庫の支店長のところに再三お邪魔してこの地域の現状を聴くことにした。金融機関での情報は信憑性が高く現状の地域の有様がかなりわかった。そうなのか、やはり50年もの空白はあまりにも長いのだと改めて離れていたことを重く受け止めていた。今までの豊富な体験にやはり驚かれたのだが、やはり守秘義務のことが頭から離れないのでうかつには口にすることができかねるのだ。

　何らかの形でこの地域の社労士に対してフォローが出来ないか自分で模索することとなる。しかし既に第一線を退いた身には意欲よりもここら辺りで少しのんびりすることで長年の体に染みついた俗世間の垢をぬぐい去りたい気分になっていった。

　もう、顧問先を持ち様々な相談に翻弄される生活だけは回避したいの

が本音なのだと感じた。

　社労士という職業は継続して企業とそこに働く人の現実の姿を常に生業としている。

　関連士業との相違は継続性にあるのではないかと思う。実に凄まじい人の生きざまを見るのだ。特に金銭が絡むので、役員、従業員を問わず本当の姿がさらけ出されることが殆どである。欲望・憎悪・愛情・離別・死別・誕生・結実など人の世のすべてを味わい体験することに。まさに社労士の受験勉強で習得した領域とその現実の形、その変遷など否が応でも手掛けることになる。

　時々、立ち止まり、慨嘆の声を上げたり、またあるときには［どうしてなんだ。わからないのか。］と叫びたくなることさえあるのだ。人はなぜこれほどまでに物や金、地位に執着するのかと何度考えさせられたことか。昨日までの世の中が今日は既に違う歯車に翻弄されている人間の姿。

　もういい。もう見たくない、聞きたくない、話したくないと何度思ったことか。それでも朝が来るとスーツに身を整えて出かけていく。その繰り返しの幾星霜。

　どの職業もそうであるように、その積み重ねがいつしか自分に経験となって積算されている。そして人生が形成されることにもなる。その過程で人は成長して社会の一翼を支えることにもなるのだ。

　今、こうして社労士業を比較的冷静かつ第三者的な視点からとらえてみることで改めてこの仕事の意義深さを理解出来得る時期に到達してきているののではないのかとさえ思えるのだ。継続して企業の変遷とそこを生計の場として選択した人々の部分的ながら人生をも垣間見ることになっている。

　実に様々な人間ドラマが展開されていく。その過程で自分自らも知ら

ず知らずに成長を遂げることにもなり得る。自分自身が社労士としてかかわってきた時代はいわば日本が戦後から脱脚して先進国への階段をものすごいスピードで駆けあがり福利厚生の分野での存在感を際立たせる努力を惜しみなく注いできた業界の萌芽、成長そして成熟にまで到達した年代でもあった。

　毎日が忙しく、慌ただしく、騒がしく、人が駆け足で進んでいた時代。そうした日常がまたとても楽しみでもあった。きょうは何があるのだろう、どんな出会いが待ち受けているのだろうとか実にいろいろな人に接することで自分の性格もまた劇的な変貌を遂げたのではないかと思えることも多い。

　帰省して幼友達が「すごい変わりようだ、昔の面影がない。」と不思議な顔で言う。

「いつも本ばかり読んどったおとなしい子供がこんなに変わるのか。」とも。そうそれほどまでに世間に揉まれたのだ。大都会で生きることは人の性格や顔、体形までも短期間のうちに変えてしまう。顧問先のタクシー会社の乗務員のある人がわずか半年で体形と顔が別人のように変貌することはよく見ていた。

　また、関係官庁の出先機関の職員も再度同じ職場に赴任する頃には10年以上の歳月が経過している場合が多くあり、声を掛けられても誰だったのか記憶にないことのほうが多数を占めていた。人相が様変わりしていることもよくあり、どうしてこれほどまでに変わり果ててしまうのかと、しかし本人には話すことなど出来かねるので周囲の人にそれとなく訊ねてみると、そのほとんどの場合で何らかの病に侵され入院・通院また手術を受けている場合などもあり、やはり健康体であることの有難さを身に滲みて感じることもあった。若いときにはあれほどのイケメンや美女の変わり果てた面相には何とも言えない哀れさを感じてしまった。

故郷の生活にも次第に慣れ親しんできた2年目の春先には一番上の姉が亡くなる。

　帰省と新築の家をことのほか喜んでいたのだが、平成25年の4月半ばに帰らぬ人となった。平成23年に父が亡くなってわずか2年後のこと。

　この姉が岡山市内で仕事を夫婦でしていたこととや叔父が天満屋百貨店で役職に就いていたこと、また叔母が岡山大学で働いていたことなどで大学在学中には世話になることもよくあった。

　天満屋でのアルバイト、岡山大学の教務係の職員であり大学でのサークルで裏千家の茶道を3年ほど教えていただいた中西宗艶先生も叔母からの紹介で知ることとなり、なにも知識のない身に、茶道を介して人との交流や作法、身だしなみといったいわば社会人としての素養をお教えいただいたことは忘れられない。

　帰省してしばらくして地元の山陽新聞の［集い］の一枚の写真で先生のお弟子の方々が［宗艶先生を偲ぶ会］を開催されていたことを知る。そのなかのコメントで80歳過ぎまでお元気に活躍されていたことに改めて当時の感謝をささげたい気持ちになった。既に50年もの歳月が経過している。その頃から人のお世話をすること、そしてその人の気持ちになって物事を処理される才能に長けた方だった。お目にかかれないことでなにか忘れ物をした気持ちにさえなった。その前にすでに叔母も叔父も他界している。別れが多いのは仕方ないことなのか。

　この一番上の姉が亡くなって2年後に父方の叔父も他界した。92歳を目前にして。

　この叔父を帰省して訪ねた際にはことのほかよろこんでくれて、その満面の笑顔が忘れられない。同じ血筋を受け継ぐ者として、やはりこの地域で住むことを心から喜んでくれていた。20年以上も前に少しばかり話をすることがあり、そのころに「年をとったら田舎がいいぞ。」と言っ

てくれたことがある。そのときにはなにも考えないで［そんなものなのか。］と漠然として聞いていたが、今こうして故郷での生活を続けているうちに、なにかしらその言葉の重みが伝わってくる。自然の風景、空気の美味しさ、時間の経過のテンポなどいろいろな場面でその意味合いが分りかけているのかもしれない。世知辛い都会暮らしとは一線を隔した暮らし向きは別の豊かさをもたらしてくれる。現実に自分の体調は各段によくなっているのだから。

　名古屋時代には毎年、春先に花粉症に悩まされていたのが、症状が軽快して帰省して2年目のころからは、季節の到来に3月初めに一週間ほど目にかゆみが少し出るくらいで収束する。この花粉症以外には体の変調はないので、この季節が平穏無事であれば一年の間平穏に暮らせるのだ。健康診断でもコレストロール値が少し高いと指摘されることはあるが、その他はすべて正常値であり自分でもこれといった具合の悪いことはない。特に帰省を契機として一念発起し平成24年10月25日から断酒を実行した。

　若い時から酒が好きで飲み会、スナック、バーなども付き合いを兼ねてよく出入りすることも多く、また今と異なり、役所の人との交流も盛んで、労働保険の年度更新や算定基礎の応援などが終わると支部ごとに打ち上げ会、社労士会の総会、支部総会、顧問先での祝賀パーティー、夏と冬の慰労会、受賞記念パーティー、忘年会や仲間との親睦旅行など数多くの飲酒の機会が一年の間にはあった。

　自然と酒に対して抵抗力が増していくのか、スナックで2時過ぎまで飲むこともありカラオケや踊りなどで盛り上がり、気が付けば3時近くになったこともあったのだ。

　父と同じで赤ワインが好きで、夜にマンションの部屋からの高層ビルの街並みを見ながらグラスを傾けるのが一日の癒しの時間となっていた。

やはり、毎日の煩雑な事柄を忘れ、自分を取り戻すことが出来る貴重なひとときでもあった。

しかし、現役を離れ自然と静寂に包まれた生活に変化して自然と飲酒にはなにか違和感を覚えて、また高齢に向かうことを考えてこの10月25日を境にしてキッパリと断酒した。外でなにか特別な行事で飲むことになるがその時にも極力制限している。

よくやめられましたね、と言われるが、やはり自分の意思一つ。元来、こうと決めると実行出来るのでそれほどの苦痛はなく知らず知らずのうちに飲酒から離れた。

酒が体から抜けたことで自分の体調は徐々に変化して、また一日のリズムも劇的に変わり、それまでの夜型から朝5時起床、午後9時〜午後10時に就寝のパターンになった。朝5時起床など都会暮らしでは考えたこともなかった。

田舎ではなにかと早朝に行事が設定されることがある。

町内会での春と秋の域内清掃、神社の境内の班ごとの担当者の清掃、河川の掃除などは午前8時開始が多い。そのためには準備や朝食のため、また毎日の読経のためにも午前5時起床がベストの選択であった。我が家を新築して帰省する決意をしたときにもう一つ心に決めたことがある。

　　［両親の供養をすること］

これは長年、古里を離れていて両親に対して親孝行をしていないとの自省から自然に出てきた気持ちの表れであった。近年、地元の山陽新聞に〔Lの時代〕のタイトルで連載が開始された記事。その中で、県北の出身者で関東地方で就職しそれ以後生活の基盤が出来て、今後も帰省することはない、既に両親も他界して、いずれは実家を手放さざるを得ない人のことが紹介されていた。

確かに、他所での暮らしが定着して生涯を送ることになる方が多数に

なるとの想定はそのものズバリなのかもしれないと思う。帰省して５年近くになる現在でもなぜあの名古屋にいなかったのかと怪訝な顔で問われることさえあるのだ。

　都会の暮らし向きのほうが便利で充実し豊かな毎日が送れるのだと言われるのはそのとおりなのかもしれない。わざわざ田舎の生活に戻ることの意味が理解されにくいのだ。高度成長期に都会に出て、そのまま生活の場を築いた人にはその地が既に自分の住み家であり、今後もその暮らしを継続することで生涯を終えることを選択するのではないだろうか。そしてその人が親の遺産を相続する際には、やはり自分の住んでいる地域の金融機関に預貯金を移し替えるのが相当であり、人と共にお金の移動も当然のようになされる。

　この新聞記事は改めて一極集中の影響を考えさせられた。もし何らかのことで、たとえば福島原発の処理作業の過失や大震災で住めない事態に陥った場合にはどうなるのだろうか。それぞれの思惑も理解できるのだが都市のもろさに気づいたときや災害の被災者となった時のことを考えるとこのままで推移できないとも予想される。自分自身の選択は善しとして今は過ごしているが、その結論を出すのはもう少し先になるのかもしれない。

　父と先祖の見えない声が背中を押したのかとも思う。

　帰省して直ぐに墓参りをする。そして毎日朝と夕方に真言宗の読経をすることにした。特に朝の読経の後では、父の残してくれた真言宗の［弘法大師の勤行集］を合わせて唱えることに決めた。これほど長く離れていたのだから当然のこと。

　しかも父母の最期には逢っていないのだから、その償いをしなければならない。

　名古屋にいたときにも毎月顧問先に紹介していただいた処で供養はし

ていたのだがやはり郷里ですることは格段に違う。すでに母は31年も前に逝去しているので、せめて父だけでもこの自分の建てた新居で共に暮らすことが出来ていたならと真新しい柱と畳を見て涙腺が緩んでしまった。

　　　[　親孝行したいときには親はなし　]

　まさにそのとおり。遺影を掲げる仏壇に手を合わせて読経するしかないのだ。

　蝋燭の火がいつも父母の面影を映しているようであり、毎日どこからか見られているようにも感じる。あれほどの愛情を注いでくれたのに。どうしてもっと頻繁に帰ってこなかったのかと今になり後悔するが、やはりそのときには仕事第一で、その心のゆとりさえなくしていたのだと思う。

　あの新聞記事の対象者も想いはあっても出来ない現実にどうしようもない気持ちに苛まれているに相違ない。人生はかくももどかしいものなのだから。

　しかしこれからの動向を考えるとこのままの状況は継続することはなくやがて人口の移動も都市部だけではなく地方、つまり自分の故郷に帰還する人も多くなる傾向も醸成されてくるのではないだろうか。

　いくつかの要因が考えられる。

　　　○　都市部での生活になにか違和感を感じる人
　　　○　高齢者の増加に支援施設が追い付いていけない事実
　　　○　収束の見通しが立たない福島原発の問題
　　　○　国際情勢の不穏な流れへの不安
　　　○　人口の過密による生活環境の悪化

といった様々な要因により、暮らしていくことの意義をもう一度考えることが増加して、また古里の空き家や相続の問題なども重なり帰還を決意する人も次第に多くなるのではないか。

自分の経験から当初はなにか違和感があったのだが、落ち着いてくると帰省したことも一つの選択であり、懸念することがなくなり健康も改善してきたのでこの年齢での生まれ故郷での生活にはある程度の満足感を得ている。あの気ぜわしい毎日から解放されて人間本来の暮らしを取り戻している日々が精神的にもいい方向に作用しているのではないかと思える日々。朝は小鳥の飛び交う姿や、遠景の景色に心を癒され、夜の星空を眺めては，これが本来の夜空なのだ、星がこれほど大きく見られることにも感動すら覚える。今までこんなにゆったりと星の美しさを眺めることを忘れていた。

　心の安寧はどこか彼方に流れていたのだと痛感する。

　多忙と欲求、人間関係の交接や愛憎などに身をゆだねていたことに改めて気づかされてもう一度生きる事の意味を問い直すことが出来る。

　帰省するときにかかりつけの歯科医のご夫妻が「これから本当の人としての生活が出来ますよ。」と言われたとおりの毎日。なにか都会暮らしで忘れていたものが蘇る気持ちになっている。

　人はいつの世にあっても、迷い、漂い、悩み、苦しみ、もがきながら生きながらえるもの。そのおりおりに参考になることわざや格言・名言などが古来より残されていて語り継がれている。

　明治の文豪、夏目漱石はいくつかの名言を残している。

　平成29年2月9日は夏目漱石生誕150年目の節目であった。また幸田露伴や俳人正岡子規も同じ1867年生まれである。

　漱石の名作の［草枕］の冒頭のことば

　　　　　知に働けば角が立つ　　　　情に棹させば流される

　　　　　意地を通せば窮屈だ　　　　とかく人の世は住みにくい

は、あまりにも有名だが、これ以外にも人生の道に指針となる言葉がある。

[エピローグ]

「処世訓」

〈夏目　漱石　の名言〉

真面目に考えよ。　　誠実に語れ。　　摯実に行え。
汝の現今に播く種は　やがて汝の　収むべき　未来となって
現れるべし。

人間の目的は　生まれ本人が　本人自身のために
つくったものでなければならない。
自らを尊しと思わぬものは　奴隷なり。
青年は　真面目が　いい。

自分の弱点を　さらけ出さずに　人から　利益は受けられない。
自分の弱点を　さらけ出さずに　人に　　利益は与えられない。

あせっては　いけません。
ただ　牛のように　図々しく　進んで行くのが大事です。

前後を　切断せよ。
みだりに　過去に　執着するなかれ。
いたずらに　将来に　未来を　属するなかれ。
満身の　力を込めて　現在に　働け。

人間は　角があると　　世の中を　転がって行くのが
骨が折れて　損だよ。

〈フランスの思想家　カントの言葉〉
人間は考える葦である

〈渋沢栄一の言葉〉
人生は努力にあり
人は常に吸収魔・建白魔・結合魔であれ

　最近は気象も国際社会も含めてどうもおかしいことが多い。世界のあらゆるところで何か今までとは異なる考え方、生き方、人の方向までもかなり異質な気風が萌芽台頭して来ている。自国第一、人種差別、核の保有・拡大などを見聞することが日常でやはり歴史は繰り返されるのだろうか。著名人や科学者などからもこの傾向に警鐘の声が頻繁に発信されている。

　従来の価値観が崩壊し、なにかおかしいと感じ、またどのようにすればいいのかと自分に問い直している人も多いのでないだろうか。地球環境も次第に破壊が進行してこのままでは持続出来ないと知りつつも自分ではどうしようもないと半ば諦めの境地でなんとなく流されている現状なのか。

　この先の世界は極めて危険な領域に入り始めてはいないのだろうか。核の恐怖を知りつつも、日常を送ることしかできない普通に人々。

　　一市井人として、きょうもまた　一日を　歩む
　　絶えることない川の流れや千年の時を刻む大樹の
　　年輪に人の世の輪廻を重ねながら
　　すべては邯鄲の夢のごとし

幾星霜

社労士人生50年を回顧して

2024 年 2 月 1 日　　初版発行

著　者　せとうみ ひろし

発行所　　株式会社　三恵社
　　　　　〒 462-0056 愛知県名古屋市北区中丸町 2-24-1
　　　　　TEL 052-915-5211　FAX 052-915-5019
　　　　　URL https://www.sankeisha.com